방정환 말꽃모음

국립중앙도서관 출판예정도서목록(CIP)

방정환 말꽃모음 / 글쓴이: 방정환 ; 엮은이: 방정환 한울학교.
— 고양 : 단비, 2018
　p. ; cm

ISBN 979-11-85099-06-4 03100 : ₩12000

격언[格言]

199.8-KDC6
179.9-DDC23　　　　CIP2018012170

방정환 말꽃모음

2018년 5월 5일 초판 1쇄 펴냄

글쓴이 | 방정환
엮은이 | 방정환한울학교
펴낸곳 | 도서출판 단비
펴낸이 | 김준연
편집 | 신수진
등록 | 2003년 3월 24일(제2012-000149호)
주소 | 경기도 고양시 일산서구 일중로 30, 505동 404호(일산동, 산들마을)
전화 | 02-322-0268
팩스 | 02-322-0271
전자우편 | rainwelcome@hanmail.net
ISBN 979-11-85099-06-4　　03100

방정환 말꽃모음

방정환 글 · 방정환한울학교 엮음

단비 danbi

작년 여름 뒤늦게 소중한 한 생명이 저희 집에 찾아왔습니다. 그때 이미 방정환한울어린이집을 시작하고 있었지만, 막상 아이와 함께 하는 일이 저의 일상이 되고 보니 아이를 한울님으로 모시는 실천은 참으로 쉽지 않았습니다. 그래도 방정환 선생의 글을 읽으며 보육과 교육의 방향을 잡을 수 있었던 것은 참으로 다행한 일입니다.

많은 분들이 방정환 선생을 단순히 '어린이날'을 제정하고 어린이운동을 한 사람 정도로 알고 있습니다. 하지만 선생은 『어린이』 잡지는 물론이고 『학생』, 『신여성』, 『혜성』, 『별건곤』 등의 수많은 잡지를 펴낸 출판인이었으며, 직접 동화와 동시를 쓴 아동문학가이기도 하였습니다. 또한 선생은 동학·천도교의 사상에 기반하여 명확한 교육철학을 가지고 소년운동을 전개한 교육가이기도 했습니다.

이 책은 어린이문화연대의 이주영 선생님이 꾸준히 작

업해 오시던 『이오덕 말꽃모음』, 『김구 말꽃모음』, 『신채호 말꽃모음』에 이어서 나오는 책입니다. 그런데 이번에는 당신이 혼자 하시기보다는 '방정환원문읽기' 모임을 주도하고 계신 장정희 선생님과, '방정환한울학교'를 막 시작한 저를 포함하여 세 사람이 같이 작업하기를 제안해 주셨습니다. 그래서 이주영 선생님이 뽑은 자료를 중심으로 장정희 선생님과 제가 정리한 것을 보태서, 161개를 추리고 일곱 개 주제로 분류를 하였습니다. 그리고 감사하게도 엮은이를 방정환한울학교로 하자고 배려해 주셨습니다.

방정환 선생의 어린이운동은 어린이를 어른들의 굴레와 낡은 윤리적 억압, 그리고 유무상의 노동에서 해방시켜 어린이들에게 놀이와 기쁨을 돌려주고, 어린이 스스로가 자기 삶의 주체가 되도록 했던, 사실상 '어린이해방운동'이었습니다. 그래서 선생은 어린이 스스로가 배움의 주체가 되어 잡지와 신문을 통해 스스로 학습하고, 소년회 등의 활동을 통해 서로 배우며, 자연과 예술을 통해 가슴에 기쁨이 일렁이는 배움이 되도록 하였습니다. 여기에 더해 몸과 기운과 생각이 균형 있게 성장하는 전일적 교육을 추구하였습니다.

　지금은 100년 전 그때에 비하면 어린이들에 대한 인식이 많이 달라졌습니다. 모두들 귀하게 키우려고 하고 있습니다. 그러나 가정에서나 학교에서나 여전히 어린이가 주체가 되고 있지는 못합니다. 아직도 어린이는 부모에게 보호받는 존재일 뿐이며, 소유물로 여겨지고 있습니다. 학교 교육은 여전히 주입식이 주를 이루고 있습니다. 어린이가 삶의 자기결정권을 가지고 있지 못하며 배움의 주체가 되고 있지 못합니다. 삶의 자기결정권을 가지지 못한 아이들이 행복할 수는 없습니다.

예전에 비해 분명 좋은 음식과 좋은 옷, 비싼 장난감과 학용품으로 키워지고 있습니다만, 어린이들의 욕구와 감정과 생각이 진정으로 존중받는가 하면 그렇지 못한 경우가 많은 것 같습니다. 그러다 보니 본인 스스로도 자신의 몸과 마음을 진정으로 존중하고 사랑하는 법을 배우고 있지 못합니다. 그런 점에서 방정환 선생의 말씀은 오늘날에도 여전히 귀기울여야 할 소중한 가르침입니다.

이 책을 통해 방정환 선생의 생각이 세상에 제대로 알려지고 그 고민이 모든 부모들과 교사들에게 나눠지면 좋겠습니다. 특히 교육사상가로서의 면모가 잘 알려지면 좋겠습니다. 그래서 지금 대한민국의 어린이들이 진정으로 존중받기를, 저마다 자기 안에 간직된 독특한 씨앗들을 잘 발현해 내기를, 그리고 내일의 행복을 위해 오늘의 행복을 미뤄 두지 않고 늘 기쁨으로 커 갈 수 있기를 소망합니다. 무엇보다도 스스로를 진정으로 사랑할 수 있는 어린이로 커 나가기를 소망합니다.

마지막으로 이 책이 마중물이 되어 우리 모두가 '영원한 아동성'을 잃지 않고 따뜻한 가슴으로 세상을 마주하기를 바란 방정환 선생의 못다한 꿈이 이 땅에 다시 펼쳐질 수 있기를 바랍니다.

대한민국 건국 100년(2018년) 5월 5일

이주영, 장정희를 대신하여 김용휘 씀

| 차례 |

어린이 해방

"낡은 것으로 새것을 누르면 안 됩니다."

어린이날노래

유쾌하게

깃부고나 오날날— 어린이날 은

우—리들 어린 이의 명절날일 세

긴이 물고 쉬여 노

어린— 이 의

1 소년운동의 기초 조건

어린이를 재래의 윤리적 압박으로부터 해방하여 그들에게 완전한 인격적 예우를 허하게 하라.

어린이를 재래의 경제적 압박으로부터 해방하여 만 14세 이하의 그들에 대한 무상 또는 유상의 노동을 폐하게 하라.

어린이 그들이 고요히 배우고 즐거이 놀기에 족한 각양의 가정 또는 사회적 시설을 행하게 하라.

• 제1회 어린이날 선전물 내용. 방정환 혼자서 쓴 글이라고 보기는 어렵다. 방정환의 뒤에서 이론적 기초를 제공했던 소춘 김기전(1894 ~ 1948)의 글에도 비슷한 내용이 있다. 김기전, 방정환 등이 함께 논의해서 이 선전문구를 만들었을 것으로 추정된다.

² 어른들에게

어린이를 내려다보지 마시고 치어다보아 주시오.

어린이를 가까이 하시어 자주 이야기하여 주시오.

어린이에게 경어를 쓰시되 늘 보드랍게 하여 주시오.

이발이나 목욕, 의복 같은 것을 때맞춰 하도록 하여 주시오.

잠자는 것과 운동하는 것을 충분히 하게 하여 주시오.

산보와 소풍 같은 것을 가끔가끔 시켜 주시오.

어린이를 책망하실 때는 쉽게 성만 내지 마시고 자세자세 타일러 주시오.

어린이들이 서로 모여 즐겁게 놀 만한 놀이터와 기계 같은 것을 지어 주시오.

대우주의 뇌신경의 맨 끄트머리는 늙은이에게 있지 아니하고 젊은이에게 있지 아니하고 오직 어린이들에게만 있는 것을 늘 생각하여 주시오.

3 어린 동무들에게

돋는 해와 지는 해를 반드시 보기로 합시다.

어른들에게는 물론이고 당신들끼리도 서로 존대하기로 합시다.

뒷간이나 담벽에 글씨를 쓰거나 그림 같은 것을 그리지 말기로 합시다.

꽃이나 풀을 꺾지 말고 동물을 사랑하기로 합시다.

전차나 기차에서는 어른들에게 자리를 양보하기로 합시다.

입은 꼭 다물고 몸을 바르게 가지기로 합시다.

4 어린이는 어른보다 더 새로운 사람입니다

어린이는 어른보다 더 새로운 사람입니다. 내 아들놈, 내 딸년 하고 자기의 물건같이 여기지 말고, 자기보다 한결 더 새로운 시대의 새 인물인 것을 알아야 합니다.

5 어린이를 어른보다 더 높게 대접하십시오

어린이를 어른보다 더 높게 대접하십시오. 어른이 뿌리라면 어린이는 싹입니다. 뿌리가 근본이라고 위에 올라앉아서 싹을 내려 누르면 그 나무는 죽어 버립니다. 뿌리가 원칙상 그 싹을 위해야 그 나무는 뻗쳐 나갈 것입니다.

6 어린이를 결코 윽박지르지 마십시오

어린이를 결코 윽박지르지 마십시오. 조선의 부모는 대개가 가정교육은 엄해야 한다는 잘못된 생각으로 그 자녀의 인생을 망쳐 놓습니다. 윽박지를 때마다 뻗어 가는 어린이의 기운은 바짝바짝 줄어듭니다. 그렇게 길러 온 사람은 공부를 아무리 많이 해도 크게 자라서 뛰어난 인물이 못 되고 남에게 꿀리고 뒤지는 샌님이 되고 맙니다.

7 어린이의 생활을 항상 즐겁게 해 주십시오

어린이의 생활을 항상 즐겁게 해 주십시오. 심심하게 기쁨 없이 자라는 것처럼 어린 사람에게 해로운 일은 없습니다. 항상 즐겁고 기쁘게 해 주어야 그 마음과 몸이 활짝 커 가는 것입니다.

8 어린이를 항상 칭찬해 가며 기르십시오

어린이를 항상 칭찬해 가며 기르십시오. 칭찬을 하면 주제넘어진다고 생각하는 것은 큰 잘못입니다. 잘한 일에는 반드시 칭찬과 독려를 해 주어야 그 어린이의 용기와 자신하는 힘이 늘어 가는 것입니다.

9 어린이의 몸을 자주 주의해 보십시오

어린이의 몸을 자주 주의해 보십시오. 집안의 어린이가 무엇을 즐기나, 몸과 마음이 어떻게 변해 가나, 이런 것을 항상 주의해 보아 주십시오. 평상시에 그냥 내버려 두었다가 잘못된 뒤에 야단을 하거나 후회하는 것은 부모들의 큰 잘못입니다.

10 우리의 어림은 크게 자라날 어림이요 새로운 큰 것을 지어 낼 어림입니다

돈 없고 세력 없는 탓으로 조선 사람들은 맨 밑층 또 맨 밑층에서만 슬프게 생활하여 왔습니다. 그러나 그 불쌍한 사람 중에서도 그 쓰라린 생활 속에서도 또 한층 더 내리눌리고 학대받으면서 참담한 인생이 우리들 조선의 소년 소녀였습니다.

우리의 어림[幼]은 크게 자라날 어림이요 새로운 큰 것을 지어 낼 어림입니다. 어른보다 10년 20년 새로운 세상을 지어 낼 새 밑천을 가졌을망정 결단코 어른들의 주머니 속 물건만 될 까닭이 없습니다. 20년 30년 낡은 어른의 발밑에 눌려만 있을 까닭이 절대로 없습니다.

새로 피어날 싹이 어느 때까지 내리눌려만 있을 때 조선의 슬픔은 어느 때까지든지 그대로 이어만 갈 것입니다.

11 낡은 것으로 새것을 누르면 안 됩니다

할아버지는 지나간 시대 사람이외다. 무덤으로 가까이 가는 사람입니다. 무덤으로 자꾸 가면서 '나는 윗사람이다' 하면서 아들과 손자를 나만 따라오너라 한 것이 어제까지의 조선이었습니다.

헌 것 낡은 것으로 새것을 눌러서는 안 됩니다. 어린 것이라 하여 업신여겨서는 안 됩니다. 어린 사람의 뜻을 존중하고 어린 사람의 인격을 존중하여야 우리가 바라는 좋은 새 시대를 지을 새싹이 부쩍부쩍 자라납니다.

12 어른은 모두 좋은 뿌리가 되어야 합니다

조선의 어른이란 어른이 모두 좋은 뿌리가 되어야 합니다. 뿌리는 밑에 들어가 지기와 수분을 빨아서 싹에게 올려 바치기 때문에 중한 것입니다. 조선의 어른이란 어른은 모두 좋은 뿌리가 됩시다. 싹을 잘 키우는 좋은 뿌리가 됩시다. 어린이 인격을 존중합시다. 어린이의 뜻을 존중합시다. 어린이날을 기념하는 본뜻은 여기에 있습니다.

13 어린 사람의 의사를 이유 없이 꺾지 말라

내가 아홉 해 전에 처음 소년운동의 깃발을 들 때 제일 힘써 고조(高調)한 것은 우선 윤리적 압박 밑에서의 해방을 위하여 가정에 있어서 '어린이 대우 개선' '어린이의 의사 존중'이었습니다.

– 묵은 사람의 손으로 새로운 싹을 꺾지 말라!

– 묵은 사람의 생각으로 새로운 생각을 덮어 누르지 말라!

– 어린 사람이 가진 것을 꺾지 말고 휘지 말고 고대로 키우라!

– 어린 사람의 의사를 존중하라!

14 희망은 앞에서 옵니다

　우리의 모든 희망은 뒤에서 오는 것이 아니고 앞에서 올 것입니다. 그리고 우리보다 한 겹 앞서 나아가는 일꾼은 어린 사람입니다. 이러니저러니 하여도 어른은 어린 사람보다 20년 3, 40년 뒤로 떨어지는 사람입니다. 어른의 속에서 나와서 어른의 품에서 커 가도 그래도 어린 사람은 어른보다 20년 3, 40년 새 시대를 타고 나온 사람입니다. 그러니 어린 사람은 결코 2, 30년 낡은 사람의 뒤를 따라갈 사람이 아니요 이때까지의 어른이 가지 못한 곳 가다가 못 간 곳에 새 길을 열고 새 걸음을 걸어나갈 사람입니다.

¹⁵ 이 일이 우리가 살 길입니다

'오늘 우리 생활은 비록 이러하여도 내일 우리 생활은 잘될 수가 있겠지.'

다만 이 한 가지 희망을 살리는 도리는 내일의 주인, 내일의 조선 일꾼 소년소녀들을 잘 키우는 것밖에 없습니다. 당신의 한 가정을 살리는 데도 그렇고 조선 전체를 살리는 데도 그렇고 이것만이 확실한 우리가 살 길입니다.

• 식민지 조선의 암울한 현실에서 어린이에게서 희망을 본 방정환 선생의 마음이 잘 읽혀진다.

16 어린 사람에게도 존대를 합니다

나이가 나보다 어리다는 이유로 어른에게는 '하십시오', '하였습니까' 하는 말을 '하여라', '했느냐' 말하는 것은 아무 까닭 없는 차별이요, 지난날 나쁜 윤리가 시킨 가장 큰 잘못입니다. 더구나 지식이 자기만큼 없다거나 돈이 자기만큼 없다는 이유로 젊은 사람이 늙은 사람을 보고 '해라', '하게' 라고 하는 것은 말할 여지도 없는 잘못입니다. 새로운 윤리를 세우는 한 가지로 우리는 '누구에게나 같은 말을 쓰자', 더욱이 '어린 사람에게 반말을 하지 말자'고 결심하고, 결심한 5년 전 그날*부터 실천해 오느라고 힘을 썼습니다.

* 1922년 5월 1일 천도교에서 제1회 어린이날을 제정한 때를 말함.

¹⁷ 아기 울음은 언어입니다

언어도 서로 모르고 흉내도 서로 짐작 못하는 사람끼리 한 집에서 같이 살게 된다면 어떻게 되겠습니까. 어린 사람을 양육한다 하고 어린 사람과 함께 살면서 어린 사람의 말을 못 알아듣는 어머니가 있다면 그 꼴이 어찌 되겠습니까. 말 모르는 아기의 울음의 절반은 울음이 아니고 말(언어)인 것을 알아야 합니다. 그리고 그 말이 무슨 말인 줄을 알아내기에 마음을 써야 합니다.

18 어린이 운동가는 어린이 마음을 가져야 한다

　어린 사람을 상대로 하는 데는 다른 무엇보담도 책임이 무겁다. 까딱 잘못하면 어린 사람들의 머리에 아주 고약한 버릇을 넣어 주기가 쉽다. 그러므로 아주 썩 노숙한 보모 역을 하는 한편으로 어린 사람과 꼭 같은 순진한 마음을 가져야 한다.

19 어린이를 잘 인도하고 해방해야 한다

세계에 어떠한 나라이든지 그 나라의 발달을 보려면 먼저 그 나라 아이의 노는 것이라든지 일상생활하는 것을 보아야 할 것이다. 그런데 조선에서는 지금까지 아이는 아무것도 모르는 것으로만 생각하여 오직 압박만 하여 조금만 잘못하면 때리고 나무라고 할 뿐이며 그리고 그 아이가 잘한 일에 대하여는 조금도 잘하였다는 표시는 없었다. 그러므로 아이들이 어렸을 적부터 어른의 말에 눌리어 자기 마음에는 잘하였건마는 자기의 어른 마음과는 맞지를 아니함으로 오직 잘못하였다는 나무라는 말만 듣고 울 뿐이었다.

그러므로 우리는 먼저 어린 아이를 잘 인도하고 해방하여서 조금 자유스럽게 천진 그대로 지키게 하는 것이 자녀교육에 가장 필요할 바이다.

20 어린이날은 일 년 중 제일 기쁜 날입니다

일 년 중에 제일 기쁜 날이 왔습니다. 무슨 기념보다도 무슨 명절보다도 이날은 우리들의 생명을 축복하는 날인 까닭으로 우리들의 내일 희망을 기다리는 날인 까닭으로 다른 아무런 기쁨으로도 비기지 못할 제일 기쁜 날입니다.

5월! 나무가 커 가고 풀이 자라고 벌레까지 커 가는, 온갖 생명이 커 가는 5월. 5월은 어린이의 달입니다. 이 세상 온갖 것의 생명이 새파랗게 커 가듯이 새 동무의 생명이 우쭐우쭐 커 갈 것을 생각할 때에 우리들 전체의 희망이 새로 살아나고 우리들 전체의 생명이 새로 춤을 추게 됩니다.

21 가정과 민족과 인류를 살리는 명절입니다

오늘! 이 '어린이날'이라는 명절은 예전 것을 기념하거나 그냥 기후가 좋으니 놀자는 날이 아니라 앞으로 살아나갈 새 생명을 축복하고 북돋우자는 명절입니다. 따라서 이날만은 적게는 한 집안의 새 운수를 위하는 것이요, 크게는 우리 민족 전체의 새 운수를 위하는 것이요, 더 크게는 전 인류의 새 운수를 위하는 의미 깊은 명절입니다. 그러니 이날을 잘 지키고 못 지키는 것이 곧 우리의 생명을 잘 살리고 못 살리는 노릇이 되는 것입니다.

어린이날 전날 밤에 미리 달고 불을 밝혀 놓으면 더욱 좋겠고 그 등 밑에 명함지만 한 종이에 어린 식구의 이름을 써서 매달되 어린 사람이 세 식구면 석 장, 네 사람이면 넉 장을 매달면 더욱 좋겠고 그리고 그 밤에 그 등불 밑에 온 집안 식구가 한 자리에 모여 앉아서 그날 소년단체에서 배포한 선언문을 낭독하면 더할 수 없이 좋고 유익한 일이겠습니다.

• 지금처럼 자녀를 귀하게 여기고, 어린이날 전국 도로가 미어터지는 상황에서 이 글은 지나치게 느껴질 수도 있다. 하지만 당시에는 자녀를 하인처럼 함부로 대하는 일이 많았다. 지금은 너무 애지중지하고 지나치게 보호하려는 것이 문제다. 자녀에 대한 소유적 관념이 더 커져서, 그때에 비해 오히려 어린이 스스로의 의사는 더 존중받지 못하고 삶의 자기결정권은 줄어든 게 아닌가 싶다. 이것이 오늘날 어린이들이 여전히 행복하지 못한 근본적 이유이다.

23 어린 민중들이여! 다 같이 나와 기념합시다

가린 것은 헤치고 덮인 것은 벗겨 던지고 새 세상을 지어 놓을 새싹은 우쭐우쭐 뻗어나기 시작하였습니다. 그 기세는 마치 5월 햇볕같이 찬란하고 5월의 새잎같이 씩씩하고 또 5월의 샘물같이 맑고 깨끗하였습니다. 어린 사람의 해방운동 단체가 5백여 곳에서 일어나고 어린 사람의 생명 양식이 수십 가지 잡지로 뒤이어 나와서 어린이의 살림이 커지고 또 넓어졌습니다.

아아, 거룩한 기념의 날 어린이의 날! 조선에 새싹이 돋기 시작한 날이 이날이요 조선의 어린이들이 새로운 생활을 얻은 날이 이날입니다. 추운 겨울은 지났습니다. 쌓인 눈은 녹아 없어졌습니다. 세상은 5월의 새봄이 되었습니다. 몇 겹 눌려 온 조선의 어린 민중들이여! 다 같이 나와 이날을 기념합시다. 그리하여 다 같이 손목을 잡고 5월의 새잎같이 뻗어 나갑시다. 우리의 생명은 뻗어 나가는 데 있습니다. 조선의 희망은 우리가 커 가는 데에 있을 뿐입니다.

24 새 호주(戶主)는 어린이입니다

어린이날 특히 이날에 부모되시는 이들이 생각해야 할 일, 생각하고 곧 실행해야 할 일이 꼭 한 가지 있으니, 이 것을 실행하고 하지 못함으로써 우리들 전체가 잘살게 되고 못되는 판단이 달려 있습니다.

그것은 다른 것이 아니라 '각각 자기 집안의 주장(主將)되는 임자를 새로 바꾸어 놓자' 하는 것입니다. 이때까지의 조선에서는 누구든지 어느 집에서든지 할아버지, 할머니, 그렇지 않으면 아버지, 어머니만 주장하여 그가 주장하고 그가 임자 노릇을 해 왔으나 그것이 잘못된 일이어서 우리가 오늘과 같이 못살게 된 것입니다.

25 어린이를 집안의 주장으로 삼읍시다

묵은 사람이 새 사람보고 내 말만 들어라 내 말만 들어라 하면서 새 사람의 의견을 엎어 누르기만 하면 천년만년 가도 새것이 나올 수 없고 아버지보다 더 새롭고 잘난 아들이 있을 수가 없는 것입니다. 내 말만 믿지 말고 나보다도 더 잘난 사람이 되어 새것을 생각하고 새 일을 하도록 하라고 떠받쳐 주고 새 의견을 존중해 주어야 할아버지보다는 아버지가 잘나고 아버지보다는 아들이 잘나고 아들보다도 손자는 더 잘나게 되어 자꾸자꾸 집안이 잘되고 세상이 잘될 것입니다.

오늘부터는 어린 사람을 주장으로 삼고 어린 사람을 이때까지처럼 내려다보지 말고 치어다보면서 매사를 어린이를 생각해 가면서 어린이들을 잘 키우도록만 하여 가십시다.

26 더 씩씩하게 뻗어 가야 한다

우리는 가난한 사람들이다. 슬픔 많은 사람들이다. 그러나 우리는 소년들이다. 뻗어 가는 사람이다. 새해 새 아침 지금 솟아오는 찬란한 햇발과 같이 우리는 기쁨 많게 씩씩하게 뻗어 가야 한다. 가난한 사람인만큼 더 씩씩하게 더 굳세게 뻗어 가야 한다.

새해 일 년 두고 찬란히 뻗어 갈 씩씩한 걸음을 우리는 이날 아침부터 걷기 시작하여야 한다.

27 어린이는 평화입니다

어린이가 잠을 잔다. 내 무릎 앞에 편안히 누워서 낮잠을 달게 자고 있다. 볕 좋은 첫 여름 조용한 오후이다.

고요하다는 고요한 것을 모두 모아서 그중 고요한 것만을 골라 가진 것이 어린이의 자는 얼굴이다. 평화라는 평화 중에 그중 훌륭한 평화만을 골라 가진 것이 어린이의 자는 얼굴이다. 아니, 그래도 나는 이 고요한 자는 얼굴을 잘 말하지 못하였다. 이 세상의 고요하다는 고요한 것은 모두 이 얼굴에서 우러나는 것 같고 이 세상의 평화라는 평화는 모두 이 얼굴에서 우러나는 듯 싶게 어린이의 잠자는 얼굴은 고요하고 평화롭다.

어린이 얼굴은 한울님 얼굴

고운 나비의 날개…… 비단결 같은 꽃잎, 아니 아니 이 세상에 곱고 보드랍다는 아무것으로도 형용할 수 없이 보드랍고 고운 이 자는 얼굴을 들여다보라. 그 서늘한 두 눈을 가볍게 감고 이렇게 귀를 기울여야 들릴 만치 가늘게 코를 골면서 편안히 잠자는 이 좋은 얼굴을 들여다보라. 우리가 종래에 생각해 오던 한울님 얼굴을 여기서 발견하게 된다. 어느 구석에 먼지만큼이나 더러운 티가 있느냐, 어느 곳에 우리가 싫어할 한 가지 반 가지나 있느냐……. 죄 많은 세상에 나서 죄를 모르고 더러운 세상에 나서 더러움을 모르고 부처보다도 예수보다도 한울 뜻 그대로 산 한울님이 아니고 무엇이랴.

29 어린이의 살림에 친근할 수 있는 사람은 행복을 얻을 것이다

자유와 평등과 박애와 환희와 행복과 이 세상 모든 아름다운 것만 한없이 많이 가지고 사는 이가 어린이다. 어린이의 살림 그것 그대로가 한울의 뜻이다. 우리에게 주는 한울의 계시다.

어린이의 살림*에 친근할 수 있는 사람, 어린이 살림을 자주 들여다볼 수 있는 사람—배울 수 있는 사람—은 그만큼 한 행복을 더 얻을 것이다.

* '살림'은 오늘날 용어로 '생활' 또는 '활동' 같은 의미로 이해하면 좋을 듯하다.

교육

"스스로 자라고
서로 배우고
기쁨으로 커 간다."

30 우리 아이들을 어떻게 지도해 가랴

꽃과 같이 곱고 비둘기와 같이 착하고 어여쁜 그네 소년들을 우리는 어떻게 지도해 가랴. 세상에 이보다 어려운 문제가 없을 것입니다. 지금 가정의 부모와 같이 할까. 그것은 무지한 위압입니다. 지금 학교 교사와 같이 할까. 그것도 잘못된, 그릇된 인형 제조입니다.

지금 그네 부모들 대개는 무지한 사랑을 가졌을 뿐이며, 친권만 휘두르는 권위일 뿐입니다. 화초 기르듯 물건 취급하듯 자기 의사에 꼭 맞는 인물을 만들려는 욕심밖에 있지 아니합니다.

• 이 글은 『어린이』지 창간을 앞두고 당시 일본 동경에 있던 방정환이 서울에서 이 일을 맡고 있던 조정호에게 보낸 편지이다.

31 그네는 훌륭한 한 사람으로 태어나오는 것이고 저는 저대로 독특한 한 사람이 되어 갈 것입니다

학교는 기성 사회와의 일정한 약속하에서 필요한 인물을 만들어 내는 밖에 더 이념도 계획도 없습니다. 그때 그 사회 어느 구석에 필요한 어떤 인물의 주문을 받고 그대로 자꾸 판에 찍어 내놓는 교육이 아니고 무엇이겠습니까.

그러나 어린이는 결코 부모의 물건이 되려고 생겨나오는 것도 아니고 어느 기성 사회의 주문품이 되려고 낳는 것도 아닙니다. 그네는 훌륭한 한 사람으로 태어나오는 것이고 저는 저대로 독특한 한 사람이 되어 갈 것입니다.

• 이미 아이들은 자기만의 씨앗을 가지고 태어난다. 그것이 온전히 발현되어 저마다의 꽃을 피우게 하는 것이 참된 교육 아닐까.

32 자기들끼리 새 지식으로 새 사회를 만들어야 합니다

　우리는 우리 지식으로 지금 사회를 꾸미고 현재 도덕을 만들어 가지고 살지만은 그것은 우리가 사색하는 범위와 우리가 가진 지식 정도 이내의 것이지요. 그 범위 밖을 내어다볼 수 있다면 거기는 그보다 다른 방침과 도덕으로 더 잘살 수 있는 것이 있을는지도 모를 것 아닙니까.

　그러면 우리는 우리 지식으로 이렇게 꾸미고 이렇게 살고 있지만 새로운 세상에 새로 출생하는 새 사람들은 자기들끼리 사색하는 바가 있고 자기들끼리 새로운 지식으로 어떠한 새 사회를 만들고 새 살림을 할는지 모르는 것입니다. 그것을 무시하고 덮어놓고 헌 사람들이 헌 생각으로 만들어 놓은 헌 사회 일반을 억지로 덮어씌우려는 것은 도저히 잘하는 일이라 할 수 없는 것입니다.

33 어른들이 소년들을 대하는 태도 두 가지

한 가지는 지금의 이 사회 이 제도밖에는 절대로 다른 것이 없다 하여 그 사회 그 제도 밑으로 끌어넣으려는 것과, 한 가지는 지금의 이 사회 이 제도는 불합리 불공평한 것인즉 새로 자라는 사람들은 이러한 불합리 불공평한 제도에서 고생하지 않도록 하여 주어야 하겠다는 것입니다. 앞은 필연으로 강제와 위압적 교육이 생기는 것이요, 뒤는 필연으로 애정 어린 지도가 생기는 것입니다.

34 요구하는 것을 주고 싹 돋는 것을 북돋아 줄 뿐입니다

　어린이들을 자유롭고 재미로운 중에 저희끼리 기운껏 활활 뛰면서 훨씬훨씬 자라 가게 해야 합니다. 이윽고는 저희끼리의 새 사회가 설 것입니다. 새 질서가 잡힐 것입니다. 결코 우리는 이것이 옳은 것이니 받으라고 무리로 강제로 주어서는 아니 됩니다. 저희가 요구하는 것을 주고 저희에게서 싹 돋는 것을 북돋아 줄 뿐이고 보호해 줄 뿐이어야 합니다. 우리가 어린이들을 대하는 태도는 이러하여야 할 것입니다. 거기에 항상 새 세상의 창조가 있을 것입니다. 이러한 태도로 하지 아니한다 하면 나는 소년 운동의 참뜻을 의심할 것입니다.

・어른들의 옳고 그름을 주입해선 안된다. 오직 거역하는 아이만이 낡은 것을 혁파하여 새로운 세상을 열어 낼 수 있다.

35 저희끼리의 배움으로 훌륭합니다

저희끼리의 소식, 저희끼리의 작문, 담화, 또는 동화, 동요, 소년소설 이뿐으로 훌륭합니다. 거기서 웃고 울고 뛰고 노래하고 그렇게만 커 가면 훌륭합니다.

36 어린이들의 기쁨을 찾아 주어야 한다

  우리가 피곤한 몸으로 일에 절망하고 늘어질 때에 어둠에 빛나는 광명의 빛같이 우리 가슴에 한 줄기 빛을 던지고 새로운 원기와 위안을 주는 것도 어린이만이 가진 존귀한 힘이다.

  어린이는 슬픔을 모른다. 근심을 모른다. 그리고 음울한 것을 싫어한다. 어느 때 보아도 유쾌하고 마음 편하게 논다. 아무 데 건드려도 한없이 가진 기쁨과 행복이 쏟아져 나온다. 기쁨으로 살고 기쁨으로 놀고 기쁨으로 커 간다. 뻗어 나가는 힘! 뛰노는 생명의 힘! 그것이 어린이다. 온 인류의 진화와 향상도 여기에 있는 것이다.

  어린이들의 기쁨을 찾아 주어야 한다.

  어린이들의 기쁨을 찾아 주어야 한다.

37 기뻐할 때 몸과 생각과 기운 세 가지가 동시에 큰다

어린 사람의 성장에 제일 필요한 것은 '기쁨'이다. 어린 사람은 기뻐할 때 제일 잘 자라는 것이다. 몸이 크고 생각이 크고 기운이 크고 세 가지가 일시에 크는 것이다. 그러면 어느 때 어린 사람이 제일 기쁨을 얻느냐. 어린 사람이 제 마음껏 움직일 수 있는 때, 즉 조금의 방해도 없이 자유로운 활동을 할 수 있는 때, 그때에 제일 기뻐하는 것이니, 움직인다는 것[活動] 자체가 그들의 생명이요 생활의 전부인 까닭이다.

• 방정환 선생은 인간을 몸과 생각과 기운, 이 세 가지의 요소로 보았다. 이 세 가지를 기쁨으로 고르게 성장시키는 것이 방정환 교육의 핵심이다.

38 속생각이 자라도록 도와야 한다

어린 사람들이 달음질을 하고 씨름을 하고 방문을 두드리고 공을 차고 나무에 기어오르고 하는 온갖 꿈적거림은 모두 육체를 활동시키는 노력이다. 그런 때 활동을 도와주어 더욱 부지런히 꿈적거리게 하여 더욱 부지런히 자라게 해주기 위하여 장난감이 필요한 것이다. 마찬가지로 눈에 보이지 아니하는 속생각이 활동하느라고, 아버지는 누가 낳았고, 할아버지는 누가 낳았고 맨 나중에 한울님은 누가 낳았고 하고 끝까지 캐어묻는 것이다. 팥은 왜 빨갛고 콩은 왜 노랗고 강아지는 왜 신발을 안 신고 다니오 하고 묻는 것도 다 속생각이 활동하려는 것이니, 그 활동을 더욱 도와주기 위하여 동화며 동요며 그림이 필요한 것이다.

• 생각하는 백성이라야 산다고 했다. 예술을 하는 이유도 속생각이 자라도록 하기 위함이다.

53

어린이는 자연의 품에서 자란다

마른 잔디에 새 풀이 나고 나뭇가지에 새싹이 돋는다고 제일 먼저 기뻐 날뛰는 이도 어린이이다.

봄이 왔다고 종달새와 함께 노래하는 것도 어린이고 꽃이 피었다고 나비와 함께 춤추는 것도 어린이다.

비가 온다고 즐겨하는 것도 어린이요 저녁 하늘이 빨개진 것을 보고 기뻐하는 이도 어린이이다.

별을 보고 좋아하고 달을 보고 노래하는 것도 어린이요 눈 온다고 기뻐 날뛰는 이도 어린이이다.

산을 좋아하고 바다를 사랑하고 큰 자연의 모든 것을 골고루 좋아하고 진정으로 친애하는 이가 어린이요 태양과 함께 춤추며 사는 이가 어린이이다.

그들에게는 모든 것이 기쁨이요 모든 것이 사랑이요 또 모든 것이 친한 동무이다.

40 소년회를 통해 실제 지식을 배운다

사람이 이 세상에 필요한 사람이 되려면 산술이나 글씨 쓰는 것만 배워 가지고는 안 되는 것이다. 더구나 어린 때는 더욱 그렇다. 학교에서 배우는 것 외에, 더 근본적으로 사람 노릇하는 바탕을 지어 가지지 않으면 안된다. 그래서 유치원과 같이 그들의 자유로운 심신의 활동을 도모하는 외에 더 근본적이요, 더 실제적인 생각과 지식과 또 훈련까지 주는 것이 소년회다.

• 스스로 배우고 서로 배우는 것을 중시한 방정환은 소년회를 매우 중시했다. 소년회는 어린이들 스스로 조직하여 자발적으로 움직인 모임이다.

41 기초교육은 정서교육이어야 합니다

두 살부터 열너댓 살 된 소년에게는 정서 함양이라는 데 치중하여야 하겠고 열대여섯부터 열칠팔 세까지 소년에게는 지능, 이성, 지혜를 지도해야 합니다. 내가 말하는 바는 어떠한 의식을 넣어 주는 것도 그것을 이해할 만한 연령에 도달하여야 될 것이니까 그 정도에 이르지 아니하였을 때에는 정서적 교육을 하고 차차 모든 사물을 이해할 정도가 되거든 어떠한 의식이든지 넣어 주는 것이 좋겠다는 말입니다. 다시 말하면 소년의 기초교육은 정서교육이어야 한다는 말입니다. 그리하여 그 기초 위에 어떠한 이지적(理智的) 교육을 하는 것이 마땅하다는 말입니다.

• 발도르프 교육과 유사점을 느낄 수 있는 글이다.

42 제일 먼저 있어야 할 것이 오직 원기입니다

아아, 학생 여러분, 나의 경애하는 학생 여러분! 우리 조선 학생 기질은 다른 무엇보다도 먼저 '앞으로 뻗는 원기(元氣)가 있어 씩씩하다'는 점에 있어야 하겠습니다. 원기는 아무 때라도 있어야 하지마는, 오늘날 조선의 학생들에게 제일 먼저 있어야 할 것은 오직 원기입니다. 만용의 기(氣), 모험의 기상, 의협의 정신, 이 모든 것이 오직 씩씩한 원기에서 나올 것입니다. 나머지 초가삼간이 마저 쓰러진다 하여도 그 집 젊은이에게 남달리 뛰는 원기만 있다 하면 무엇이 걱정이겠습니까? 오늘날 우리의 고생이 이보다 몇배 더한 것이 있다 하더라도 새로 일어나는 학생군에게 씩씩한 원기가 뻗는 바 있다면 무엇이 슬픈 일이겠습니까.

43 실제 생활에 도움이 되는 교육

교육이란 무엇이냐? 쉽게 말하면 그 시대 그 시대에 살아 나가는 데 필요한 지식을 갖추어 주는 것이라고밖에 지금 우리는 더 생각할 여유가 없다. 그 시대와 떨어지는 교육, 실제 생활과 관계 없는 교육은 아무 고마울 것 없는 헛노력이다.

• 아직도 우리 교육은 지식 교육에 초점이 있다. 삶의 실제적 기술을 익히는 교육, 그 중에서도 자기의 몸과 마음을 다스리는 공부가 절대적으로 부족하다.

44 신문잡지를 통한 자가학습

교과서는 신문과 잡지만 가지면 될 것이니 신문 잡지에 있는 것이야말로 인생 생활에 직접 관련된 문자만 쏙쏙 골라 모은 것이니 한 자도 한 구도 읽는 사람에게 상관안 되는 것이 없다. 그리고 신문 잡지 속에 어느 학과가 하나라도 빠진 것이 없으므로 신문 잡지만 가지고 공부하면 인생에 필요한 모든 학과를 골고루 공부하는 것인 동시에 그 각 학과 중에서 직접 필요한 것만 추리고 뽑아서 배우게 되는 것이다.

실지 견학

　시간과 기회를 이용하여 실지 견학을 게을리하지 말아야 할 것이니 재판소, 강연회, 전람회, 토론회, 음악회, 어느 단체의 총회, 심지어 경매소, 장터, 어물시장, 신문사, 회사, 미두*하는 곳, 직업소개소까지라도 기회 있는 대로 실지로 자주 보게 하여 주어야 할 것이다 그리고 보고 온 날마다 그날 밤에 반드시 소감을 쓰게 하여야 할 것이니, 이 방법에 있어서는 이 소감을 쓰게 하고 고쳐 주고 하는 일이 가장 중요한 일인 까닭이다.

* 현물 없이 쌀을 팔고 사는 일. 실제 거래를 목적으로 하는 것이 아니고 쌀의 시세를 이용하여 약속으로만 거래하는 일종의 투기 행위.

46 실사회, 실생활에 관한 공부를 해야 합니다

학교 공부가 곧 실사회 공부이어야겠는데, 그 간격이 멀리 떨어져 있는 까닭으로 학생 시대의 공부 성적은 학교 안에서의 일일 뿐이고, 실사회 나가서는 다른 새삼스런 실력으로 다투게 되어지는 까닭입니다. 여기서 여러분은 무엇을 느낍니까? 공부를 좀 더 오래하기보다도 실사회로 나아가야 할 길이 바쁘면 바쁜 만큼 재학 시대에 학교에 있는 때부터 좀 더 실사회의 직접 지식을 더 배워 두었으면 하는 생각을 누구나 가지게 될 것입니다.

어른의 표준에서 벗어나야 합니다

'어린 사람 자신을 위하여'라고 힘써 붙인 것은 이때까지 성인들이 어린 사람 행동의 선악을 판단할 때에 성인 자기를 표준하여 꾸짖기도 하고 칭찬도 해 온 까닭이니 어린이의 어떤 행동이 어른 자기의 비위에 안 맞는다거나 자기 일에 방해된다고 꾸짖고, 자기 눈에 든다고 칭찬하거나 하는 것이 크게 해로운 짓인 것은 물론입니다.

48 어른이 어린이만을 위하여 판단할 수 있을 까?

우리가 어린 사람들과 접촉할 때에 어린이 행위에 대하여 얼마나 공정한 태도로 판단할 수 있는가 — 즉 자기 감정과 자기 이해를 완전히 떠나서 어린이만을 위하여 판단하는 태도를 얼마나 가질 수가 있을까? 이것이 뜻있는 부형과 소년회 지도자와 학교 교원이 다 같이 마음 써야 하는 점일 것이다.

화를 내고 꾸짖기는 쉬운 일입니다

어린이가 잘못했을 때 그 잘못을 어떻게 어린이 스스로에게 알게 할까? 어린이한테 자기 생각 또는 자기 행동이 잘못되었음을 어떻게 충분히 이해시킬까? 하는 것입니다. 누구든지 어린 사람의 잘못을 발견했을 때 화를 내고 꾸짖기는 쉬운 일이요 급한 대로 어린이 행동을 억압하기 쉬운 일이나 그때 그 어린이로 하여금 자기 잘못을 충분히 자각시키기는 실로 어려운 일입니다.

50 당장의 효과에 만족하면 안 됩니다

　이해시키지 못하는 꾸지람이 그때 당장의 행동을 막을 수는 있으나 그다음 재범까지를 막을 재주가 없는 까닭이니 이해시키지 못하는 꾸지람을 당장의 효과에만 만족하여 두 번 세 번 거듭하는 때는 '어른'이란 '꾸짖는 사람'이 되어 버려서 어른에게 꾸지람 받는 것을 그다지 남부끄러운 일이 아니라고 생각되고 전차 탈 때에 차표 사는 것이나 마찬가지로 평범하게 생각하게 됩니다. 그리고 자칫하면 도리어 잘못된 반항심—자기 잘못을 깨닫기 전에 먼저 꾸짖는 사람에게 대한 반항심을 가지기 시작하게 됩니다.

스스로 판단하고 결정하게 해야 합니다.

어떻게 하면 어린 사람에게 자기 잘못을 충분히 깨닫
게 할까? 그리함으로써 그가 다시 재범을 하지 않게 할
수 있을까? 그것은 벌로도 매로도 욕으로도 아니 되는 것
이요 오직 한 가지 길밖에 없을 것이니, 그 잘못된 행동에
대해서 어른이 그 행위의 잘잘못을 판단하기 전에 먼저
그 어린이 스스로 자기 행위에 대한 가치를 평가해서 결
정하도록 하는 방법입니다. 이렇게 스스로 평가하는 교육
은 자라 가는 어린 사람들에게 지극히 필요한 것이니 다
른 교육에도 필요하지만 잘못이 있을 때에 이 방법을 이
용하는 것이 좋습니다.

52 어린이들끼리 재판을 하도록 합니다

한 어린이가 잘못을 했으면 교사가 곧 그 행위의 가치를 독단으로 처리하지 말고 점심시간이나 다른 시간을 이용하여 교사가 재판장이 되고 다른 어린이 전부가 배심원이 되어 피고 어린이 행위를 신고하여서 일반 배심원이 각기 의견대로 그 가치를 평정하게 하고 그 의견들을 참작하여 재판장이 공정한 판단을 내리게 하는 것이니 이러함으로써 잘못을 범한 어린이는 재판을 받음으로써 후일 스스로 조심하여 재범하게 되지 않는 것과 꼭같이 배심한 어린이들도 그런 잘못을 범하지 않게 될 것입니다. 물론 이 경우에도 배심원들이 평가하기에 지나치게 복잡하거나 어려운 경우에는 교사가 먼저 그 일을 심판하기에 필요한 지식을 먼저 설명해 들려준 후에 공판을 열 것이요, 나아가 재판장도 어린이에게 맡기고 교사도 배심원 중 한 사람이 됩니다.

53 자연과 친하라고 방학을 하는 것입니다

어린 사람은 항상 크고 뻗어나고 자라 가는 것인 고로 공부보다도 지식보다도 잘 자라는 조건이 제일 중요한 것인데 잘 자라기 위하여서는 자연과 많이 친해야 하는 것이 가장 귀중한 것입니다. 맨발을 벗겨 기르라, 흙과 친하게 하라 하는 말은 모두 자연과 친하게 하라, 자연의 품에 안겨 자연과 같이 자라게 하라는 것입니다. 그런데 자연이 아무것 하나도 숨기지 않고 아끼지 않고 있는 그대로 사람들 앞에 펼쳐 놓고 주는 철이 여름철입니다. 그래서 공부보다도 더 소중한 '자연과 친하는 노력'을 시키기 위하여 방학을 하는 것입니다.

고향의 흙과 친하십시오

방학 동안에 고향의 흙냄새를 많이 맡기에 부지런하라! 고향의 땅 냄새를 많이 맡기에 부지런하라! 여러분 고향의 흙, 그것은 지금 무엇을 바라고 기다리고 있으며 여러분 고향 사람의 땀, 그것은 무엇을 위하여 흘려지고 있는 것인가? 이것을 아는 것은 곧 여러분 생명을 가꾸는 일이며 우리 모두의 생명을 북돋우는 일이 되는 까닭이니 여러분이 학교에서 공부하는 모든 것은 이것을 잘 배운 후에 비로소 생명이 붙어지는 것이다.

55 남이 더 나아가기를 바라고 나는 또 그보다 더 나아가기를 힘쓰자!

남이 높이 올라가는 것을 기뻐하자. 그리고 그보다도 나는 더 높이 나아갈 수 있게 하자. 그 다음에 남이 더 나아가기를 바라고 나는 또 그보다도 더 나아가기를 힘쓰자! 이것이 조선을 구하는 것이요 또 정말 나아가는 길이지, 나는 올라가지 못하고 앉아서 나보다 올라간 사람을 나의 밑으로 끌어내리려 하는 것은 적게는 내 몸을 망치는 것이요 크게는 온 조선 전체를 망치고 세상을 망치는 것입니다.

간절히 바라는 것이니 제발 우리 새 조선 사람은, 조선의 새 일꾼일 우리는 어려서부터 조그만 일에라도 남을 위하고 남이 좋아지는 것을 기뻐하지 결코 시기하는 마음을 기르지 않도록 마음을 써야 합니다.

56 조선의 자랑을 알아야 합니다

조선 사람이라고 결코 못생긴 사람뿐만이 아니요 조선 사람이라고 남에게 뒤떨어지기만 할 법이 없는 것입니다. 우리의 옛날 할아버지 때는 다 남보다 앞서고 더 잘 살았었고, 지금도 남보다 뛰어난 재주를 가지고 있는 것이 자꾸자꾸 사실로 나타나지 아니합니까. 그러니까 우리는 우리의 잘못도 잘 알고 있어야 하지마는 그와 꼭같이 우리들의 자랑, 우리 조선의 자랑을 알고 있어야 합니다. 그리하여 우리의 몸도 닦기만 하면 비싼 몸이거니 귀중한 몸이거니 하는 생각을 가지게 되고 또 우리의 몸에서 새로운 힘이 쏟아나오는 것입니다.

• 그때에 비하면 지금 대한민국은 자랑거리가 많다. IT강국이기도 하고 드라마, K-POP 등에서도 주목을 받고 있다. 그런데 정말 인류에 기여할 수 있는 대한민국의 자랑거리는 무엇일까?

71

세계 일도 잘 알아야 합니다

　외국 사람의 불행이 곧 우리에게도 영향되고 우리의 기쁨이 외국 사람에게도 곧 관계가 되는 것입니다. 우리는 조선 사람이니 조선 일을 잘 알기에 힘쓰는 동시에 세계 일을 잘 알아야만 하겠습니다.

• 우리는 흔히 예전보다 지금이 훨씬 국제화되었다고 생각한다. 하지만 일제강점기가 어쩌면 더 국제적이었다. 분단되지 않았기 때문이다. 분단은 땅만이 아니라 우리의 사고도 분단시켰다.

03

아동문학과 예술

"동화는 넓고 넓은 인류가
다 같이 읽을 것이며"

58 평범함도 어린이에게는 예술이다

어린이는 아래의 세 가지 세상에서 모든 것을 아름답게 본다.

1. 이야기 세상. 2. 노래 세상. 3. 그림(회화) 세상.

어린이 나라의 세 가지 훌륭한 예술이다.

어린이들은 아무리 엄격한 현실이라도 그것을 이야기로 본다. 그래서 평범한 일도 어린이 세상에서는 그것이 예술화하여 찬란한 미와 흥미를 더하여 가지고 어린이 머릿속에 다시 전개된다. 항상 이 세상 모든 것을 아름답게 본다.

• 방정환은 동화와 동요, 그림 이 세 가지를 통해 아이들이 아름다움을 마음껏 표현할 수 있도록 하였다.

밥을 먹어야 산다 하여 반찬도 간장도 없이 그냥 맨밥만 꾸역꾸역 먹고 살 수 있느냐 하면 그렇게는 안 되는 것입니다. 좋은 반찬을 많이 먹지는 못한다 하더라도 좋지 못한 반찬이라도 밥에 섞어 먹어야 밥을 먹을 수도 있고 또 먹은 밥이 소화도 되어서 비로소 몸에 유익한 것입니다.

그와 마찬가지로 우리에게 유익한 지식이라 하여 수신(修身)과 산술(算術)만 꾸역꾸역 먹고 좋은 사람이 될 수 있느냐 하면 그것만 가지고는 좋은 사람—빠진 구석 없이 완전한 좋은 사람—이 될 수 없는 것이요 예술이라 하는 좋은 반찬을 부지런히 잘 구해 먹어야 비로소 빠진 구석 없이 완전한 좋은 사람이 되는 것입니다.

예술이라는 것을 자세히 설명하자면 여러분에게는 대단히 알아듣기 어려운 말입니다만, 듣기 쉽게 말하면 여러분이 동요를 짓는다든지 그림을 그린다든지 좋은 소설을 짓거나 읽는다든지 좋은 동화나 동화극을 생각한다든지 그런 것들이 모두 '예술'이라는 세상의 것입니다. 모두 여러분의 예술입니다.

• 예술의 중요성을 일찍이 인식한 방정환은 1928년 10월 2일부터 8일까지 세계 각지의 약 20개 국에서 보내 온 천여 점의 작품을 모아 세계아동예술전람회를 열었다. 1920년대에 이런 국제적인 미전을 열었다는 것이 놀랍다.

60 어린이의 인간다운 생활을 위해 동화가 필요하다

동화는 그 소년-아동의 정신생활의 중요한 한 부문이고 최고로 중요한 먹을거리다. 문화가 진화하는 현대에 있어서는 우리네 인간다운 교양의 한 요소로 예술이 절대로 필요한 것과 같이 현대 어린이에게도 그 인간다운 생활을 위한 요소로 동화가 요구되는 것이다.

동화가 아동에게 주는 이익은 결코 두세 가지에 그치는 것이 아니니 다만 교육상으로 유효한 점으로만 본대도 동화에 의하여 그 따뜻한 마음과 참된 뜻[情意]을 계발을 빨리 하고 이성과 지혜의 판단을 명민히 할 뿐 아니라, 많은 도덕적 요소에 의하여 덕성을 길러서 다른 사람에 대한 동정심, 의협심을 풍부케 하고 또는 종종 초자연 초인류적 요소를 포함한 동화에 의하여 종교적 신앙의 기초까지 지어 주는 등 실로 그 효력이 위대한 것이다.

그러나 이러한 교훈과 유익함은 세상의 교육자 또는 종교가를 비롯한 아동이 아닌 지도자와 동화 이용가들이 말하는 바이며 결코 교훈만이 동화의 목적인 것은 아니다.

아동 자신이 동화를 구하는 것은 결코 지식을 구하기 위함도 아니요, 수양을 구하기 위함도 아니고 거의 본능적인 자연의 욕구다. 갓난아기가 엄마젖을 욕구하는 것과 같이 아동은 동화를 욕구하는 것이라, 엄마젖이 유아의 생명을 기르는 유일한 음식물인 것과 똑같이 동화는 아동에게 가장 귀중한 정신을 키우는 음식물인 것이다.

동화가 어느 시대 어느 곳에든지 없는 곳이 없고 갈수록 더 그 세상을 넓혀 가는 까닭은 실로 세계 모든 아동의 생활에 불가결한 정신적 음식 재료로 본능에 따라 자연스럽게 욕구되는 까닭이다.

63 동화는 아동의 마음으로 쓴 예술이다

동화는 영원한 아동성을 잃지 아니한 인류 중의 한 사람인 예술가가 다시 아동의 '마음'에 돌아와 어떤 감격 혹은 현실의 생활을 반성하는 데서 생기는 어떤 느낌을 독자에게 호소하는 것이다. 따라서 그 감격이나 그 반성은 세상 모든 사람들의 감격이나 반성이 아니면 아니 될 것이다. 아니, 그 작품에 의하여 누구나 감격의 세례를 받지 아니하면 아니 될 것이요, 또는 그 작품에 의하여 누구나 다 자기 각자의 생활을 반성하지 않으면 아니 될 것이다.

64 이야기는 큰 힘을 가지고 있습니다

어린이를 지도함에는 그 어머니 되는 이들이 하여 주는 이야기가 큰 힘을 가지고 있습니다. 그러므로 조선의 부인들로 하여금 어린이들에게 유익한 이야기를 하여 줄 수 있도록 상식을 보급시키는 것이 우리의 급무 중의 하나라고 생각합니다.

• 동화를 중시한 방정환 선생의 마음이 잘 느껴진다. 마땅히 읽힐 동화가 없어서 외국 동화를 번안하여 『사랑의 선물』을 내놓고, 기회가 될 때마다 동화대회를 열어 어린이들에게 이야기를 들려주었다.

65 어린이 마음을 잘 지켜야 한다

우리는 누구나 가지고 있는 '영원한 아동성'을 이 아동의 세계에서 온전하게 잘 지켜 나가지 않으면 아니 될 것이요, 또 나아가 세련되게 가꾸지 아니하면 아니 된다. 우리는 자주 그 깨끗한, 그 곱고 맑은 고향—어린이 마음에 돌아가기에 힘쓰지 아니하면 아니 된다.

• 동심설을 주장한 중국 명대의 사상가 이지(李贄)를 떠올리게 하는 글이다. 이지는 동심이 바로 참된 마음(진심)이며, 순수하고 참되어서 사람이 처음 가진 생각의 본마음이라고 하였다. 이같은 동심을 지닐 때 비로소 '천하의 지극한 문장'을 쓸 수 있다고 하였다.

66 차가운 지식은 인생을 타락시킨다

우리는 나이가 늘어갈수록 어린이 마음을 차츰차츰 잃어버리기 시작하고 그 대신 여러 가지 경험을 갖게 되고 따라서 여러 가지 복잡한 지식을 갖게 된다. 그러나 그 경험과 지식만을 갖는다 하면 그것으로 무엇을 하랴. 경험 그것이 무익한 것이 아니요, 지식이 무익한 것도 아니다. 그러나 경험과 지식이 늘어 가는 동안에 한편으로 그 깨끗한 감정을 잃어버렸다고 하면, 그 사람은 차갑게 마른 지식은 가졌겠지만 인생으로서는 타락한 자일 것이다.

67 동화는 인류가 다 같이 읽어야 하는 예술이다

동화는 결코 나이를 기준으로 소년소녀에게만 읽힐 것이 아니고, 넓고 넓은 인류가 다 같이 읽을 것이며 작가도 또 항상 대인이 소아에게 주는 동화를 쓰는 것이 아니고, 인류가 가지고 있는 '영원한 아동성'을 위하는 '동화'로 쓰는 것이다. 이 동화의 세상에서만 아동과 일반 어른이 '한데 탁 엉킬' 수가 있는 것이요, 이 세상에서만은 어른의 혼과 아동의 혼 사이에 조금도 차별이 없어지는 것이다.

68 옛이야기는 보옥 같은 우리 동화다

고래 동화(古來童話)*를 찾아서 모으고 정리하는 일은 어렵고도 어려운 일이다. 50년이 걸리고 100년이 걸리더라도 우리는 우리의 힘으로 이 일에 착수하지 아니하면 아니 될 것이다.

우리는 우리 각자가 협력하여 남에게 지지 아니하는 보옥 같은 우리 동화를 캐어 내지 아니하면 영구히 우리 동화는 캐어날 날 없이 묻혀 버리고 말 것이다.

* 옛날부터 전해 오는 동화, 전래동화, 옛날이야기, 옛이야기.

69 동화 구연은 몸으로 하는 것이다

　동화 구연은 입으로보다도 몸으로 흉내를 잘 내라 하는 것이어서 나는 둔한 몸으로 동화 하나 하기에 큰 노력을 합니다. 슬픈 이야기는 슬프게, 우스운 이야기는 우습게 하느라고, 우는 목소리를 내느라고, 우스운 흉내를 내느라고 남모르는 고심을 합니다. 슬픈 이야기로는 듣고 앉아 있는 소년소녀들을 좍좍 울려야 하고 우스운 이야기로는 허리가 아프게 웃겨야 동화 구연은 성공한 것입니다.

• 방정환은 정말 동화구연을 잘 해서 아이들을 자유자재로 울리고 웃겼다고 한다. 하지만 그 뒤에는 이런 각고의 노력이 있었다는 것을 알 수 있다.

70 그 지방 아이들이 알아듣는 말로 하였다

나는 지방에 가서 동화나 혹은 아동문제 강연을 하다
가 서울 말을 청중이 못 알아듣는 일이 있어 곤란한 일이
있었다. 예를 들면 평안북도에 가서 '새장'이라니까 소년
들이 못 알아듣고 갑갑해하는 눈치인 고로 "새 새끼를 잡
아넣어서 기르는 그릇을 여기서는 무어라 하느냐."고 물
으니까 "도롱이요." 한다. 경상남도에 갔을 때는 갓난아
기 오줌을 받아 내는 기저귀를 '살두둑이'라 하여야 알아
듣는다. 지방에 가서 강연할 때는 그 지방 말을 물어 보았
다.

71 동화를 자주자주 들려주시오

동생 있는 형이여, 어린애 기르는 부모여, 어린이 가르치는 선생님이여, 원하노니 귀여운 어린 시인에게 돈 주지 말고, 과자 주지 말고, 겨를 있는 대로, 기회 있는 대로, 신성한 동화를 들려주시오. 때때로 자주자주.

무슨 그리 작가로서의 포부라고 할 만한 것도 없습니다.

다만 어떻게 나는 참을 수 없어서 창작을 합니다. 그리고 또 나 자신의 생활을 채찍질하기 위하여 창작을 합니다. 습관, 모순, 허위, 죄악, 쟁투, 헛된 꿈, 이 속에 묻혀 사는 많은 인류 중의 한 사람으로서 될 수 있는 대로 나 자신의 참으려 하여도 참을 수 없는 요구와 절대의 진실로써 되는 창작! 그것에 의하여 나는 구원을 얻고자 합니다.

동화를 잘 쓰는 법 1

동화가 가져야 할 첫째 요건은 아동들이 잘 알 수 있는 것이라야 한다는 것입니다. 알기 쉽게 말하면 여름 날씨가 더운 것을 말할 때에 온도 몇십 도나 되게 덥다고 하면 모릅니다. "덥다 덥다 못하여 옷을 벗고 물로 뛰어 들어가도 그래도 덥다"고 하면 아동은 더위를 짐작합니다. 의주(義州)에서 부산(釜山)까지 2천 리나 되니까 굉장히 멀다 하면 아동은 그 먼 것을 짐작 못합니다. "걸음 잘 걷는 사람이 새벽부터 밤중까지 쉬지 않고 걸어서 스무 밤 스무 날을 가도 다 가지 못 한다" 하여야 그 굉장히 먼 것을 짐작합니다.

동화를 쓰거나 이야기하는 사람이 아무리 자상하게 길고 오래 하더라도 그것을 읽거나 듣는 아동은 그중에서 자기가 알 수 있는 것만을 추려 가집니다. 아동을 많이 만나 본 사람은 알 것입니다. 길다란 이야기를 들려주고 나중에 다시 한 번 물어보십시오. 군데군데 자기 아는 것만 골라서 기억하고 있습니다. 활동사진을 보아도 다른 사실은 전혀 모르고 개가 자동차를 쫓아가거나 비행기를 타고 올라가거나 싸움하는 것밖에는 모르고 있습니다. 그러니 동화 작가나 구연자가 아동이 알지 못할 말, 아동이 흥미를 느끼지 않는 것을 쓴다 하면 쓸수록 노력만 허비하게 됩니다.

동화를 잘 쓰는 법 3

동화가 가질 요건은 아동에게 유쾌한 기쁨을 주어야한다는 것입니다. 아동의 마음에 기쁨과 유쾌한 흥을 주는 것이 동화의 생명이라고 해도 좋을 것입니다. 교육적가치 문제는 셋째 넷째 문제고 첫째 기쁨을 주어야 하는것입니다. 교육적 의미를 가졌을 뿐이고 아무 흥미가 없으면 그것은 동화가 아닌 것입니다. 아무런 교육적 의미가 없어도 동화는 될 수 있지만 아무런 기쁨과 즐거움을주지 못하고는 동화가 되기 어렵습니다.

76 글은 짓는 것이 아니고 쓰는 것

글은 짓는 것(꾸미는 것)이 아니고 쓰는 것입니다. 생각이나 느낌을 고대로 쓰기만 하는 것입니다. 짓거나 꾸미거나 하면 그만 그 글은 망치는 것입니다.

77 어린이는 이야기에 나오는 모든 일을 경험한다

어린이들은 실제에서 경험하지 못한 일을 이야기의 세상에서 훌륭히 경험한다. 어머니나 할머니의 무릎에 앉아서 재미있는 이야기를 들을 때, 그는 아주 이야기에 동화해 버려서 이야기의 세상 속에 들어가서 이야기에 나오는 모든 일을 경험한다. 그리하여 그는 훌륭히 이야기 세상에서 왕자도 되고 고아도 되고, 또 나비도 되고, 새도 된다. 그렇게 해서 어린이들은 자기의 가진 행복을 더 늘려가고 기쁨을 더 늘려 가는 것이다.

어린이는 모두 시인이다. 본 것 느낀 것을 고대로 노래
하는 시인이다. 고운 마음을 가지고 어여쁜 눈을 가지고
아름답게 보고 느낀 그것이 아름다운 말로 굴러 나올 때
나오는 모두가 시가 되고 노래가 된다. 여름날 무성한 나
무숲이 바람에 흔들리는 것을 보고, '바람의 어머니가 아
들을 보내어 나무를 흔든다.' 하는 것도 고대로 시요, 오
색이 찬란한 무지개를 보고 '한울님 따님이 오르내리는
다리'라고 하는 것도 고대로 시이다.

79 어린이는 위대한 예술을 품고 있다

어린이는 그림을 좋아한다. 그리고 또 그리기를 좋아한다. 조금의 기교가 없는 순진한 예술을 낳는다. 어른의 상투를 재미있게 보았을 때 어린이는 몸뚱이보다 큰 상투를 그려 놓는다. 순사의 칼을 이상하게 보았을 때 어린이는 순사보다 더 큰 칼을 그려 놓는다. 얼마나 솔직한 표현이냐. 얼마나 순진한 예술이냐. 거기에 아직 더럽혀지지 아니한, 이윽고는 큰 예술을 낳아 놓을 무서운 참된 힘이 숨겨 있다고 나는 믿는다.

80 어린 동무들이 시인이 되게 하고 싶다

나는 이 귀여운 어린 시인의 깨끗한 가슴을 더럽혀 주고 싶지 않다. 물욕의 마귀를 만들고 싶지 않다.

나는 나의 가장 사랑하고 귀애하는 어린 동무, 어린 시인에게 무엇이든지 나의 사랑하는 마음을 표하여 좋은 선물을 주고 싶다. 그 선물로는 과자보다도 돈보다도 무엇보다도 그의 천사 같은 마음 깨끗한 가슴에 가장 적합한 깨끗한 신성한 것을 주고 싶다.

그래서 그로 하여금 더 맑고 더 깨끗하고 더 신성한 시인 되게 하고 싶다. 이 생각으로 나는 이 값있는 선물을 손수 만들기 위하여 이 새로운 조그만 예술*에 붓을 댄다.

* 동요, 동시, 동화 같은 어린이 문학을 가리킴.

04

『어린이』 잡지와 소년회

"어린 혼을 구원하기 위해

소년회를 일으키고

『어린이』 잡지를 시작하였습니다."

81 평화롭고 자유로운 한울나라가 어린이 나라입니다

죄 없고 허물 없는 평화롭고 자유로운 한울나라! 그것은 우리의 어린이의 나라입니다.

우리는 어느 때까지든지 이 한울나라를 더럽히지 말아야 할 것이며 이 세상에 사는 사람 사람이 모두, 이 깨끗한 나라에서 살게 되도록 우리의 나라를 넓혀 가야 할 것입니다.

이 두 가지 일을 위하는 생각에서 넘쳐 나오는 모든 깨끗한 것을 거두어 모아 내는 것이 이 『어린이』입니다.

우리의 뜨거운 정성으로 된 이 『어린이』가 여러분의 따뜻한 품에 안길 때 거기에 깨끗한 영혼의 싹이 새로 돋을 것을 우리는 믿습니다.

짓밟히고 학대받는 어린 혼을 구원하자!

짓밟히고 학대받고 쓸쓸스럽게 자라는 어린 혼을 구원
하자! 이렇게 외치면서 우리들이 약한 힘으로 일으킨 것
이 소년운동이요, 모든 곳에 선전하고 충동하여 소년회를
일으키고 또 소년문제연구회를 조직하고 한편으로『어린
이』잡지를 시작한 것이 그 운동을 위하는 몇 가지의 일
입니다. 물론 힘이 너무도 약합니다. 그러나 약한 대로라
도 시작하자! 한 것입니다.

83 어른이 먼저 『어린이』 잡지를 읽어야 한다

너나 할 것 없이 조선 사람 전부가 '어린이를 잘 키우는 길'을 깨닫고 이 일에 주력한다면 우리는 부활하는 사람입니다. 어떻게 하면 남보다 낫게 키울까⋯⋯. 그것을 위하는 한 가지 일로 우선 시작한 것이 『어린이』입니다. 당신의 가정과 조선의 장래를 생각하시는 마음으로 우선 부모가 먼저 이 『어린이』를 읽으시고, 자녀에게 읽히십시오. 한 분이라도 더 읽으시기를 바랍니다.

84 어떻게 하면 다 같이 좋은 사람이 되어 가게 할까!

어떻게 하면 우리 어린이들이 다 같이 좋은 사람이 되어 가게 할까! 실제로 소년운동을 힘써 일으키는 것도 그 때문이요, 온갖 괴로움을 참아 가면서 『어린이』 잡지를 발행하여 오는 것도 오직 그것을 바라는 마음이 뜨거운 까닭입니다.

다행히 우리들 정성이 헛되게 돌아가지 아니하여 온 조선에 3백여 소년 단체가 일어나고, 『어린이』 잡지는 조선 제일가는 많은 책 수를 내어 적게 잡아도 10만여 명 동무 독자를 가지게 되었으니, 그 많은 우리나라 장래 일꾼들이 생각을 같이하고 다달이 좋은 정신을 함께 길러 가는 중인 것을 생각하면 그 얼마나 기쁘고, 얼마나 거룩한 일인지 모릅니다.

보다가 남은 교정 뭉치를 옆에 끼고 외투에 얼굴까지 파묻고 인쇄소 문을 나서니 달빛이 눈보다 더 쌀쌀한 밤 10시를 치고도 10분이나 되었다.

인쇄소에 와서 밤이 깊어서야 돌아가기도 벌써 사흘째. 미끄러지기 쉬운 얼음길을 바람에 쫓기면서라도, 밤을 새우더라도 『어린이』가 하루라도 일찍 나가야 한다. 10만 어린 동무가 날마다 궁금해 하면서 기다리고 있지 않느냐. 10만 어린 사람이 손꼽아 기다리고 있지 않느냐.

텅 빈 전차를 혼자 타고 집에 이를 때는 11시 치고도 더 지나서 집안 식구가 모두 자고 있었다.

『어린이』가 처음 나온 그때

8년 전, 그야말로 겨울의 벌판같이 쓸쓸한 우리나라 어린이들에게 어린 사람의 잡지라고 『어린이』가 처음 나왔습니다.

'애녀석', '어린애', '아이놈'이라는 말을 없애 버리고 '늙은이', '젊은이'란 말과 같이 '어린이'라는 새 말이 생긴 것도 그때부터 일이요 어린이 보육과 어린이 정신 지도에 유의하여 여러 가지 노력이 생기기 시작한 것도 그때부터 일입니다.

『어린이』! 『어린이』! 『어린이』가 억지 고집을 쓰면서 탄생한 지 8년 동안의 노력—이날의 기쁨이 어찌 끝이 있겠습니까.

87 『어린이』 잡지로 자라난 동무들이 가장 믿음 직한 힘입니다

『어린이』 잡지 창간 때부터 정성 들여 읽어 온 사람들이 지금은 시집가서 아기들을 많이 낳았습니다. 또는 벌써 학교 선생님들이 되어 있습니다. 또는 외국 유학을 가거나 조선 안에서 활동들을 하고 있습니다. 우리 『어린이』 잡지에서 자라난 동무들이 지금 각처에서 남달리 활발하고 영리하고 맹렬하게 활동하고 있는 것을 볼 때에 나는 이때까지의 아무런 고생도 다 잊어버리고 또 앞으로 닥뜨려 올 여러 가지 고생도 다 잊어버리고 한없는 기쁨과 가장 믿음직한 힘을 느낍니다.

• 『어린이』 잡지를 통해 많은 아동문학가들이 배출되기도 했다. 한국 아동문학계의 거목인 이원수, 윤석중을 비롯해 서덕출, 윤복진, 최순애, 마해송, 이주홍 등 수많은 인재가 이 잡지에 어린이 독자로 투고하면서 아동문학의 길을 걸어갔다.

기운이 부쩍 늘어 가는 것을 느꼈습니다

4월 보름께부터 5월 열흘께까지 거운 한 달 동안을 '어린이날' 준비와 또 선전으로 하여 한시 잠시 앉아 있을 사이 없이 바쁘게 지냈습니다. 하고한 날 이른 아침부터 밤중이 지나고 다시 새벽 세 시 네 시가 되기까지 일을 하기를 꼭 보름 동안이나 하였습니다.

5월 엿새날까지 다 치루고 나니 누구에게 흠씬 두들겨맞은 사람같이 온 전신이 아프고 느런하게 늘어지면서 코피가 자꾸 쏟아졌습니다. 참말이지 처음 당해 본 일이었습니다. 그러나 치루어 놓고 보니 그렇게 마음에 기껍고 유쾌한 일은 없었습니다. 34만 장의 선전지를 시골마다 보내 놓고 여기저기 시골 소년회에서 전보가 자꾸 오고 먼 시골서 전화로 선전지 어서 보내라는 독촉이 자꾸 오고 할 때에 우리는 기운이 부쩍 늘어 가는 것을 느꼈습니다. 기운이 나고 신이 생겨서 몸이 부서질 뻔하여도 모르고 그냥 즐거운 마음으로만 일하였습니다.

89 교훈담이나 수양담은 넣지 않아야 합니다

소년운동에 힘쓰는 출발을 여기에 둔 나는 이제 소년 잡지 『어린이』에 대하는 태도도 이러할 것이라 합니다. 모르는 교육자의 항의도 있겠지요. 무지한 부모의 비방도 있겠지요. 그러나 어떻게 우리가 거기에 귀를 기울일 수 있겠습니까. 우리의 소신대로 돌진 맹진할 뿐일 것입니다.

『어린이』에는 수신강화 같은 교훈담이나 수양담은 일절 넣지 말아야 할 것이라 합니다.

잡지를 만드는 일의 고생과 슬픔

모르는 사람은 거들떠보지도 않고, 아는 사람은 정성을
다하여 말리고 하는 일이니 정성 하나만 가지고 억지를
써 가지만 참말로 그것은 남모르는 고생과 슬픔이 많은
일이었습니다. 추운 때, 더운 때가 없이 한 달이면 절반이
넘어 인쇄소 직공 노릇을 하였습니다. 한 사람에게라도
더 선전을 하기 위하여는 우리들이 글을 쓰다 말고 길거
리에 나서서 광고를 뿌렸습니다. 편집이 늦은 때는 며칠
밤이고 계속해서 새웠습니다. 그저 어린이를 키우자, 어
린이를 잘되게 하자, 그것 하나를 위하여는 우리는 아무
런 짓이라도 하여 왔습니다.

그렇게까지 고생 들여 하는 일이 매달 2백여 원씩 손해
가 나고, 그나마 잘못되었다고 압수를 당하고 심한 때는
경찰서에 끌려가기도 한두 때가 아니었습니다. 이번에야
말로 정말 그만두겠다 하고 붓대를 집어던지고 일어선 때
가 몇 번인지 알지 못합니다. 그런 때는 참말로 눈에 눈물

이 고이고 고이고 하였습니다.

* 선생이 어린이들을 위하여 얼마나 피눈물나는 고생을 했는지가 느껴진다. 33
세 단명이 그래서 더 애닯다.

91 나를 키워 준 것은 소년회였습니다

비 오는 저녁마다, 바람 부는 밤마다 내가 그리워하는 서울! 따뜻한 봄이면 버들피리를 어린 입으로 불기도 거기였고, 바람 찬 겨울이면 동무의 손을 잡고 얼음을 지치기도 거기였습니다. 그리고 10세 되던 해에 소년입지회*를 세우고 어린 팔로 연단을 짚고 떠들던 것도 거기였고, 12세 되던 해에 160여 명 유년군**의 총대장으로 작전의 계획을 벌이던 것도 거기였습니다.

훈련원의 대운동과 대한문 앞의 경축 행렬, 장충단의 개나리와 성북동의 밤 줍기……. 아아, 꽃과 같이 새와 같이 아름답고 쾌활하던 어린 세상에 나를 키워 준 서울의 햇볕은 얼마나 따뜻했겠습니까.

---

* 방정환은 10세 때 주변의 또래 어린이들을 모아서 토론 연설 모임인 소년입지회를 만들었다. 토론도 하고, 환등기를 이용해서 동화 구연을 하는 등 어린 시절부터 이 모임을 통해 생각을 키우고 조직 역량을 키워 나갔다.
** 천도교 어린이 단체.

92 꽃송이의 모임, 소년회

꽃송이의 모임! 소년회! 참으로 여러분이 모이시는 그곳은 쌀쌀한 겨울에 백화(百花)가 일시에 만발하여 어우러진 화초 온실 같았습니다. 따뜻하고 향기롭고 찬란하고 나는 다만 그 속에 심신이 젖어만 있었습니다.

소년회 편지가 힘이 됩니다

쓸쓸하게 외롭게 지내는 나에게 여러분이 보내 주시는, 거의 하루도 아니 오는 날 없이 매일 하나둘씩 오는 편지가 얼마나 크고 많은 위안을 주는지 모릅니다. 문체도 조리도 보잘것없는, 글자 형용도 잘 이루지 못하고 틀린 글자까지 많은 어린 여러분의 편지가 나에게는 제일 반갑고 제일 위안을 주는 것이었습니다. 아무 체면으로 쓴 것도 아니고 교제하느라 부득이 쓴 것도 아니고, 문체나 또는 서간 격식에 구속된 것도 아니고 순연한 마음으로 다만 잊지 않고 생각해주는 한 점 티끌도 섞이지 않은 깨끗한 심정에서 생각하는 그대로 한 마디 말도 더하거나 뺌이 없이 써 주는, 세상에도 귀하고 귀한 글인 까닭입니다.

94 소년운동을 일으켜야 합니다

신문 보도로 각 지방 우리 소년회에서 가극도 하고 강연도 하는 소식을 듣고 무한히 기꺼웠습니다. 그렇게 해서 우리의 동무가 점점 늘어가는 것이 반갑고 기꺼운 일이며 동시에 아직 소년회가 조직되지 아니한 지방에도 자꾸 조직되기를 바라고 있습니다. 그리하여 조선 전국으로 소년운동을 일으켜서 소년은 소년으로서의 일을 하며 또 소년의 세계를 점점 넓혀 가야 할 것입니다. 아아 사랑하는 여러분! 건전히 활동하십시오. 앞길이 넓고도 찬란합니다.

고운 새 생명을 더럽히지 말고 꾸부리지 말고 순박하고 참되게 커 가게 하자. 이 한 가지를 조선 소년운동은 남달리 더 가지고 있습니다. 그러니 먼저 필요한 것이 이때까지 잘못된 온갖 것에 끌리거나 구애되지 말고 온전히 새 생명을 새롭게 잘 지도할 힘과 정성을 가진 지도자입니다. 잘못되게 길러진 사람이 자기 그대로 가르치고 그리 본받게 된다 하면 소년운동은 그 생명을 잃어버리는 것입니다.

외국 것을 흉내나 내거나 한때의 흥미로 소년운동에 관계하는 사람이 아니고 자기 생활에 끊임없는 반성을 가지면서 새것에 대한 열렬한 동경을 가지고 몸소 어린 사람의 나라에 돌아가려는 진실한 사람이 많이 생겨야 조선의 소년운동은 바른 길을 밟아 가게 될 것입니다.

일본 사람으로 만들려는 총독부 교육 방침이 소년운동
으로 말미암아 방해될까 염려하여 간접으로 간섭하고 방
해하고 있습니다. 작년 여름에 몇 군데만 빼어놓고 전국
여러 곳의 공립학교 교장들이 '소년회에 가면 퇴학시킨
다.' '어린이 잡지는 읽으면 벌을 씌운다.'고 어린 사람들
을 위협하였습니다. 우리가 항의하니까 그러지 않았노라
고 태연히 거짓말하는 사람이 있었습니다. 먼저 학부형에
게 소년운동에 관한 이해를 갖게 하여 학부형으로 하여금
그들에게 항의하고 싸우게 하도록 되어야 합니다.

청년층에 버금가는 소년회 활동

오늘날 조선에는 약 4백 개의 소년단체와 3만 명 이상
의 소년소녀가 있는데 청년층에 버금하는 중대한 역할을
방금 조선에서 하고 있습니다. 그것은 물론 청년단체 모
양으로 직접 정치투쟁이나 경제투쟁에 참가하고 있는 것
은 아니나 늘 조선의 현실에 주의하여 그 장래를 준비하
고 있습니다.

• 오늘날 아동 청소년이 스스로 주체가 되어 펼쳐 나가는 소년운동은 방정환
선생 시대만 못한 것 같다. 아이들 스스로가 자신의 권리를 찾고 삶의 주인이 되
기 위해서 어떻게 해야 할까?

소년운동을 말할 때 잊어버려서는 안 될 것은 경남 진
주소년회입니다. 그전에도 어린 사람의 모임이 전혀 없었
던 것은 아니나 흔히 어느 종교의 주일학교나 반(半)강습
소 식의 소년부나 운동부였을 따름인 고로 그것을 가리
켜 소년 자신을 주체로 한 사회적 의식을 가진 운동이라
고 하기 어렵습니다. 다만 이 진주소년회가 기미년 여름
에 생겼는데, 이것은 소년회를 위한 소년회가 아니고 어
린 사람들이 모여서 독립만세를 부르고 모두 잡혀가 갇혀
서 그것이 신문지상으로도 주목하는 화젯거리가 되어 소
년회 이름이 덧씌워진 것 같습니다.

1921년 봄 4월에 이르러 경성 천도교회 안에서 13명 소년이 발기인이 되어

1. 재래의 윤리적 압박으로부터 풀어 내어 어린 '사람' 으로의 인격을 찾고 지니고 옹호할 것

2. 재래의 쓸쓸하고 캄캄한 무지로부터 풀어 내어 새로운 정서를 함양할 것

3. 재래의 비사회적 악습으로부터 풀어 내어 새 세상에 새 사람이 되기에 마땅한 사회성을 기를 것을 주창하고 소년회를 조직하고 '천도교소년회'의 간판을 붙이니 이것이 진정한 의미의 사회적 성질을 가지고 생긴 조선 소년운동의 시초였습니다.

1주 3회 집회를 하면서 안으로는 정서 함양과 사회 훈련에 힘쓰고, 밖으로는 윤리적 해방, 사회적 해방을 위해서 노력하게 되자 미미하나마 소년회를 중심하고 그 주위에서부터 먼저 유소년에 대한 높임말 쓰기를 시작하고, '어린애'라는 말 대신에 '어린이'라는 새 말이 생겼습니다. 언론 기관을 비롯해서 각 사회에서도 소년회의 존재와 아울러 어린 사람 세상의 일을 주목하여 취급하기 시작했습니다.

여름방학 때 봉사활동을 제안합니다

소년회원이 자기만을 위해서가 아니라 남을 위하여 할 노력으로 교통이 끊어지기 쉬운 개천에 큰 돌을 옮겨다가 징검다리를 놓는다거나 교통이 불편한 산길에 길을 내어 준다거나 여러 가지로 그 동리 그 촌락에 좋은 일을 할 것이 많이 있습니다. 그곳 형편에 따라서 필요한 봉사 활동을 할 것은 제안하고 싶습니다.

05

개벽 세상

"이런 사회가 공평한 사회입니까?"

필연의 요구와 절대의 진실

비참히 학대받는 민중 속에서 소수 사람에게나마 피어 일어나는 절실한 필요의 요구의 발로, 그것에 의하여 창조되는 새 생은, 이윽고 오랜 지상의 속박에서 해방될 날개를 민중에게 주고, 민중은 그 날개를 펴서 참된 생활을 향하여 날게 되는 것이니, 거기에 비로소 인간 생활의 신국면이 열리는 것입니다. 이리하여 항상 쉬지 않고 새로 창조되는 신생은 민중과 함께 걸어갈 것입니다.

• 작가로서의 포부를 밝힌 글이다. 방정환은 참을 수 없어 창작을 한다고 하면서, 사람으로서의 필연의 요구와 절대 진실로 된 창작을 통해 새로운 세상과 참된 새 문명의 창조를 꿈꾼다고 하였다.

나는 이 새 일에 착수할 때에 더욱 우리 교(敎) 중의 많은 어린 동무를 생각한다. 어여쁜 천사, 인내천(人乃天)의 천사, 이윽고는 새 세상의 천도교의 새 일꾼으로 지상천국의 건설에 종사할 우리 교(敎) 중의 어린 동무로 하여금 애 적부터, 시인일 적부터, 아직 물욕의 마귀가 되기 전부터 아름다운 신앙생활을 찬미하게 하고 싶다. 영원한 천사 되게 하고 싶다. 늘 이 생각을 잊지 말고, 이 예술을 만들고 싶고, 또 그렇게 할런다.

나는 이 일을 적어도 우리의 새 문화 건설에 큰 힘이 될 줄 믿고 남이 아니 하던 일을 시작한다.

• 방정환은 어린이 운동을 하면서 천도교의 종교색을 가급적 드러내지 않았다. 하지만 이 글은 천도교인으로서의 면모가 엿보이는 글이다.

당신네 사는 세상이 특이하다

보통이면 그렇게 거짓말 많이 하고 사람 잘 속이고 하는 놈은 법이라는 게 처벌을 할 터인데 당신네 사는 세상은 그렇지를 아니 하고 거짓말도 할 줄 모르고 남의 것 속여 빼앗을 줄도 모르고 그저 제 팔 제 힘으로 제가 벌어먹을 줄만 아는 사람은 거의 세상에 살 자격이 없는 것같이 점점 밀리고 눌리고 빼앗기고 하여 없고 추위에 벌벌 떨게 되는 게 특이하군요.

• 〈은파리〉라는 사회 풍자 소설의 일부이다. 은파리의 입을 통해 방정환은 사회의 가장 추악하고 더러운 것들을 파헤치고 허위와 기만으로 가득찬 돈 있는 자들의 위선을 풍자하고 있다.

　당신네 세상에서 지금 쓰는 그 법률! 그것이 무슨 그리 절대 엄정한 것입니까. 공평치 못한 제도에 있는 사회, 거기서 갖은 부정, 갖은 허위의 수단을 다하여 성공이니 출세이니 하고 머리를 들고 나온 자들이 저의 동류끼리만 손목을 잡고 나아가는 지금의 사회, 말하자면 자본계급만 옹호하는 정치, 그런 세상에서 무슨 그리 법률의 절대 엄정을 말하며 그 권위의 신성 공평을 말할 수 있습니까.

노동자들이 땀을 흘려 가며 그 힘을 다하여 훌륭한 병원을 건축합니다. 그러나 며칠 아니 있어서 그 집 짓던 노동자가 중병에 걸려 죽을 지경에 빠졌습니다. 그러나 자기 전력을 다하여 지어 놓은 그 병원에 입원을 하지 못합니다. 이런 공평치 못한 사회가 또 어디에 있겠습니까?

• 사회주의적 냄새가 물씬 나는 글이다. 이 시기 『개벽』의 편집진들은 사회주의를 소개하는 글을 많이 소개하였다. 방정환도 이 시기에 사회주의에 깊이 공명하고 있었던 듯하다. (다만 방정환은 천도교인이었기 때문에 어디까지나 인내천주의에 입각하여 사회주의와 자본주의를 넘어선 이상 사회를 꿈꾸었다.)

대감이 인류사회에는 조금도 이로운 일 없는 낭비, 잠
깐 동안의 유흥비 그만한 액수만 있으면 얼마나 많은 빈
민을 구제할 수 있는 것인 줄을 생각하고 또는 대감 한 사
람의 유흥비 그것이 얼마나 많은 빈민의 희생으로 마련
된 것인가를 생각해 보십시오. 그것에 무산계급, 가련한
노동자의 설움 많은 눈물이 묻혀 있는 줄을 모르고, 유산
계급에게 박해를 당하고 가난에 우는 빈자의 원성이 섞여
있는 줄을 모르시지요?

놈들은 가장 영리한 체하고 다 같이 잘살기 위하여 사회라는 것을 만들어 놓았다. 그러나 손수 만들어 놓은 그 사회란 것이 어떻게 잘못 만들어져서 자기네의 생명을 박해하건마는 놈들은 그것을 한 번 더 고쳐 만들 줄을 모른다.

놈들은 영리한 체하고 공연한 법칙을 많이 만들었다. 그것이 오랜 세월을 지내는 동안에 어느 틈에 습관, 인습이 되어서 지금은 그것에 도리어 자기 몸이 속박되어 마음대로 헤어나지를 못하고 울고 있다.

군대가 전쟁터에 나간다. 총과 창에 찔려서 자꾸 죽고 그래도 피를 흘리며 고투하여 승전하였다. 그 곳을 점령하였다. 본국 영토가 되었다. 그러나 새로 얻은 그 땅에 사회를 세우고 땅을 사서 자빠졌던 부자는 편안히 재산만 늘고 그 전쟁에 자식 잃은 늙은 부모, 남편 잃은 과부, 또 다행히 죽지는 않고 돌아온 병든 군인은 병들어 길거리에서 구걸하는데, 그가 피 흘린 공으로 큰 부자가 된 놈은 아는 체도 않는다. 도리어 박해한다.

불쌍한 인생 중에도 가장 불쌍한 맹인을 혹시나 만나
면 얼굴을 찡그리면서 '재수 없다' 하는 사람도 있다. 앞
을 못 보고 밝은 빛을 보지 못하고 자기를 낳은 부모 얼굴
을 알지 못하고 사랑하는 처자의 낯을 보지 못하는 가련
한 그가 길거리에서도 발 한 걸음을 안심하고 내놓지 못
하거든 동정은 하지 못하나마 자기에게 재수 없을 것이
무엇이냐.

개는 개다운 삶이 따로 있다

개는 개로서의 살림이 따로 있고, 개는 개로서의 살 세
상이 따로 있네. 지공하신 한울님께서는 우리에게도 그만
한 세상과 그만큼 먹을 것을 베풀어 주신 것이라네. 사람
들끼리는 사람의 생활이 따로 있는 것같이 우리 개는 개
로서의 생활이 따로 있는 것일세. 사람은 어디까지 사람
노릇을 하기에 힘쓸 것이요, 개는 개로서 살아갈 것일세.
그것을 자네는 모르고 개는 남의 집에 가 밥찌끼나 얻어
먹고 도적이나 지켜 주고 주인에게 순종을 잘하는 것만이
개의 사명인 줄 알고 있지 않나. 우리는 그것을 생각할수
록 서럽고 불쌍하여 견디지 못할 고통을 느끼네.

생의 존귀한 값

온갖 생물은 본의대로 자연대로 뜻껏 맘껏 팔다리를
펴는 곳에 생의 존귀한 값이 있는 것이라네! 잠시 입이
달고 배가 부르다고 거기에 자족하여 자기 본연의 생활을
아주 버려서는 차라리 죽는 것만 같지 못한 것일세. 자네
는 지금 상자 속 생활에 자족하여 자기 본연의 생활을 잊
어버리고 있지……. 그 생활에 자족해 있으면 그 끝에 혹
독한 응수, 비참한 운명이 기다리고 있는 것을 깨달아야
되네.

• 진정한 삶의 가치는 저마다 자기 안의 본성을 활짝 꽃피게 하는 것이라는 말
이다.

06

자연

"산에 가도 좋고 들에 가도 좋고"

童心是仙

方定煥

새같이, 꽃같이 어여쁘게 잘 씩씩하게 커 갈 어린 동무들이여, 산에고 들에 가십시오. 그 귀엽고 힘 있는 새 생명이 당신들의 머리와 가슴에 스며들어서 당신들도 생기 있게 뻗어 가야 할 것입니다. 새 생명에 뛰놀아야 할 것입니다.

산으로! 들로! 다 같이 가십시다. 날마다 가십시다.

봄 1

　겨우내 쌓였던 눈이 녹고 얼음이 녹고 삼동(三冬)에 얼어붙은 대지도 또 녹아 풀어지면서 물이 움직이고, 뿌리가 움직이고, 이 세상 모든 것이 움직여 나가기 시작하고 뻗어나기 시작하는 철이 이 철이니 봄은 모든 움츠렸던 생명이 다시 뻗어나는 철인 까닭이다. 봄이라 함은 곧 생명의 새로운 신장(伸張)을 의미하는 것이니 우리가 젊은 피를 가진 몸이요, 우리 가슴에도 새파란 생명이 약동하고 있거니 어찌 들먹거리지 아니하고 견딜 것이냐. 봄이다 봄이다! 활개를 힘껏 펴고 소리 높여 노래하라. 그리하여 기운을 키우라. 생명을 키우라.

봄 2

봄을 배우는 길은 생명을 배우는 길은 오직 들 밖으로 나가는 데 있나니 지저분한 장식이 없고 갑갑한 구속이 없으니 사지를 마음대로 펼치기 좋고 소리를 기운껏 지르기가 좋거니와 그보다도 더 배울 것이 많이 있는 까닭이다. 볕 잘 받는 양지의 풀도 솟아오르지마는 응달진 그늘의 풀도 우쭐우쭐 자라는 것을 배울 것이요, 무거운 돌덩이 밑에 짓눌린 풀이 그래도 낙심하지 않고 고개를 구부리고 몸을 휘어 가면서까지 태양을 바라보고 커 가는 것을 배울 것이다.

봄이다 봄이다! 누가 방 속에 엎드려 있느냐. 나아가 뛰라. 소리쳐 노래하라. 생명의 봄을 그대의 가슴에 잡아 넣어라. 언덕 뒤 꽃나무 그늘에서 작은 소리로 속살대는 놈이 누구냐. 나아가 큰 소리로 외치라! 봄을 외치라. 생명을 외치라!

들로 나가자. 꽃놀이를 가자. 풀밭에 눕고 꽃가지에 앉아서 소리 높여 외치자. 생명을 외치자.

아아, 봄이다 봄이다! 새파란 젊은 동무들이여, 소리 높여 생명의 노래를 부르자!

봄은 움직이는 철입니다

3월은 움직이는 달입니다. 긴긴 겨울 동안 죽은 듯이 움츠리고 있던 모든 것이 새로 활개를 펴고 새로 호흡을 하고 새로 소리를 치고 일어나는 때가 봄철이요 이 봄철의 움직임이 시작되는 것이 3월입니다.

여러분, 산에 가십시오. 골짜기에 흐르는 물에 봄 소리를 들을 것이요. 들에 가십시오. 가지에 나는 새 소리에 봄 소리를 들을 것입니다. 그리고 가만히 땅 위에 귀를 기울이십시오. 대지가 움즉움즉 움즉이는 소리를 들을 것입니다.

아마 대지(大地)는 움직이기 시작하였습니다. 모든 것이 자라고 크기를 시작하였습니다. 우리도 움직이지 아니하면 아니됩니다. 뛰고 놀고 새와 같이 새싹과 같이… 씩씩하게 쾌활하게…….

한여름 뭉게구름 1

아침에 없던 구름이 오후만 되면 어데서 오는지 모르게 날마다 모여든다. 회색빛 음산한 구름도 아니고 시커먼 무서운 구름도 아니고 그렇다고 싸늘한 비늘구름이 조각조각이 흩어져 있는 것도 아니다. 하얀 솜을 펴놓은 것보다도 더 희고 더 부드럽고 그러고 둥글고 깊은 맛 많은 뭉게구름이 하얀 노인처럼 한가롭게 떠 있는 것이다. '여름 구름은 봉우리가 많다'고 한 옛날 사람 말대로 그렇게 희고 부드러운 구름에는 산봉우리보다도 더 첩첩하게 봉우리가 많다. 그러나 결코 산봉우리처럼 그리 많기만 한 것도 아니다. 알 수 없는 비밀을 가지고 한없는 변화를 부리고 있는 것이 여름의 뭉게구름이다.

한여름 뭉게구름 2

불볕에 내리쪼이는 넓은 마당 그 한끝에 서 있는 높은 버드나무의 머리 위로 멀리 보이는 한 뭉치의 뭉게구름 첩첩이 일어난 봉우리와 봉우리 속으로 휘돌아 들어가 보았으면 거기에는 반드시 옛날이야기에 듣던 신선들의 잔치가 벌어져 있을 듯도 싶다. 부채 든 손을 쉬고 무심히 앉아서 가만히 치어다다보고 있으면 하얀 봉우리 위에서 선녀들이 춤을 추는 모양이 눈에 보이는 듯한 때도 있다.

여름

　이 세상의 온갖 것이 자기완성을 위하여 가장 많이 노력하는 때가 이때입니다. 누가 이 철을 한가롭게 편안하게 쉬는 철이라 합니까? 보십시오. 싱싱한 녹음에는 작은 열매가 부지런히 커 가고 꽃밭 놀이터에는 벌 떼가 굉장히 부지런합니다. 그뿐입니까. 따갑게 내려쪼이는 땅바닥에는 개미가 또한 아주 부지런합니다. 여러분! 여러분은 이런 여름에 있어 어떤 일 어떤 부지런으로써 다른 것에 지지 않을 특별한 노력을 하겠습니까? 다 같이 머리를 숙이며 생각해 보십시다.

가을이 오는가 보다

　새파란 공중을 가로막고 구름은 야트막한 곳을 흐르고 있다. 마지막 여름의 고별같이 서늘하게 넘어가는 낙일에 비추면서 하늘하늘 하는 풀숲에 발을 딛고 가만히 섰었다. 불어오는 줄도 모르게 산들산들하는 바람이 옷소매로 기어든다. 벌써 가을이다! 까닭 없이 이런 느낌을 품게 하는 물빛 같은 공중을 작은 새가 여러 날째 날아간다. 남국으로 가는 새인지 한 보름 전에 이화학당 마당 중턱 잔디에 엷고 맑은 코스모스 꽃이 핀 것을 보고 '벌써 가을이 오는가 보다' 하였더니 지금은 벌써 가을이 온 것 같다. 해는 서늘하게 지금 저물고 산들산들하는 저녁 바람은 내 몸을 에워싼다. 적적한 황혼이다.

눈물의 가을

가을 숨결이 만 가지 물건에 스치어 빛을 바꾸어 놓기 시작하였다. 나뭇잎도 바뀌고 풀잎도 바뀌고……. 얌전한 가냘픈 빛을 가진 애틋한 꽃들이 피건마는 그래도 가을의 자연은 적막하고 쓸쓸스런 생각을 자아낸다. 어린이 마음도 말라 가는 나뭇잎과 같이 가을 바람에 스쳐서는 애달프게 우는 것이 그 까닭이다.

해가 저물고 저녁 바람이 불어올 때 나무숲에서는 붉은 잎, 누른 잎들 애처로운 울음소리가 들리고 거치른 풀숲에서는 목숨 짧은 벌레들 슬픈 노래가 들린다. 그때 자기 가슴속 울음소리를 듣지 못하는 사람이 누가 있으랴……. 조용한 자연의 그윽한 울음소리를 들을 때, 우리들 가슴 속에는 순결하고 천진한 눈물의 항아리 뚜껑이 벗겨지는 것이다.

산에 가도 좋고 들에 가도 좋고 풀밭에 누워서 높아 가는 하늘을 치어다보는 것도 좋고 또는 마당이나 마루 끝에 따뜻한 햇볕을 쪼이면서 노랗게 피는 국화의 향내를 맡고 앉았어도 좋습니다. 그런데 그중에도 깨끗한 날 초저녁으로부터 밤이 깊어 갈 때 정결하게 청소한 방에 등불을 밝히고 앉아서 책 읽는 것보다 더 재미나는 일은 없습니다. 고요히 깊어 가는 밤에 창 밖에는 마른잎 떨어지는 소리만 간간히 들리고 방구석에서 가여운 벌레의 우는 소리가 쓸쓸히 들릴 때 나는 그런 때 책이 제일 잘 읽혀집니다…….

눈이 오시면

나는 겨울을 퍽 좋아합니다.

겨울이 되면 고 하얀 눈이 오시니까요. 눈 오시는 것을 보는 것처럼 좋은 것은 없어요.

겨울이 되어서 눈이 오시게 되기를 나는 어떻게 기다렸는지 모릅니다. 깊이를 모르게 흐릿한 하늘에서 고 하얀 눈송이들이 나비같이 춤을 추면서 내릴 때에 어린 동무들이 길거리로 뛰어나오면서 '눈 오신다, 눈 오신다.' 하고 손뼉 치는 것을 보면 어떻게 그냥 춤을 추고 싶게 마음이 뛰놉니다. 눈은 다 죽은 겨울에 우리를 찾아와 주는 단 하나뿐인 반가운 손님이고 정다운 동무입니다.

겨울을 맞이하는 자세

다른 동물들은 모두 땅속과 깃 속에 숨고 모든 식물은 죽은 모양으로 있으되 우리나라 어린이들은 다른 때보다도 겨울에 더 몸이 얼음산같이 튼튼히 자라나고 마음이 눈같이 깨끗이 키워지며 아는 것이 많아져야 합니다. 그리하여 한 해 두 해 겨울과 연말을 보낼 때마다 새봄 같은 나라를 세울 일꾼으로서 있어야 할 것들을 길러야 할 것입니다. 이것이 영원한 봄나라를 우리 것이 되게 하는 한 길이며 해마다 겨울과 연말을 맞이하는 우리로서 반드시 깨달아야 할, 깊이 느껴야 할 생각입니다.

은행 잎사귀가 황금 비늘처럼 내리덮인 뜰에는 아침마다 찬서리가 하얗게 내리고 살얼음 잡힌 강물 위로 쌀쌀한 저녁 바람이 스쳐 지날 때마다 그윽한 숲속에서 까치가 구슬피 울부짖습니다. 잎 떨린 감나무 가지마다 새빨간 감이 도롱도롱 매달리어 머지않은 운명을 슬퍼하는 듯하고 기러기 울고 지나는 쓸쓸한 달밤에 오동잎이 하나씩 둘씩 떨어집니다.

　월광이 빈틈도 없이 흐르고 있는 벌판 저 끝은 아득한 속에 숨기어 있고 달빛 질펀한 들 속에 홀로 꺼멓게 우뚝이 섰는 참나무 둘이 두 몸을 맞대고 서서 무슨 정담을 속살대는 것 같아서 내 몸은 아주 꿈속나라 아니면 월세계에 온 것 같아서 어디서인지 환하게 월광을 받는 들 속에서 가늘게 조용히 무슨 음악 소리가 나는 듯 나는 듯하다.

　눈에 고인 눈물을 손으로 눌러 뺨으로 흘리고 다시 하늘을 치어다보니 달은 이 몸의 비애를 아는지 모르는지 여전히 잠잠하게 빛날 뿐이고 가늘게 우는 만돌린 소리는 무슨 곡인지 그저 가늘게 떨면서 흘리어 애연한 기분으로 들을 덮는다.

꽃이 바람에 흔들리다

조용한 날이다.

코스모스 대신에 내 사랑 뜰에는 과꽃이 저으기 가을답게 피어 있다. 서실 앞 뜰 축대 밑에 백(白), 홍(紅), 자(紫) 이것저것 섞여서 지금 마냥 피었다. 그리고 그 꽃이 바람에 불려서 가늘게 흔들거리고 있어 가을다운 느낌을 강하게 일으킨다.

물방울이 떨어질듯이 물기에 젖은 잎에 전기 불빛이 부딪뜨려서 도깨비불보다도 푸르게 빛나면서도 잎 뒤 나무 그늘은 캄캄할 대로 캄캄하여 그것만으로도 정취가 깊고 양미(涼味)가 뚝뚝 돋는데, 그 나무 그 잎의 그림자가 보드랍게 가볍게 불면 날아 갈 듯이 땅 위에 어른어른 떠 있는 것을 보면 그냥 그곳에 앉아서 놀고 싶게 마음이 내킨다.

• 탑골공원에서 1919년 학생들이 3.1독립선언서를 읽었다. 방정환도 3.1 운동 때 「조선독립신문」을 등사판으로 만들어 배포하다가 검거되기도 했다.

팔각정을 바라보면 거기 남모르는 그윽이 맛있고 풍정
있는 딴 세상을 발견할 수 있는 것이다. 팔각정 속 천장에
오래된 옛날 등이 달려 있고, 오랫동안 청소를 아니하고
두어서 거미줄이 엉키고 먼지가 그득히 앉고 묵을 대로
케케묵은 옛날 등이 은은하게 비추고 있다. 그것을 이 승
리라는 요릿집 앞 소나무 옆 키 큰 나무 밑 널조각 걸상에
앉아서 보면 정자 기둥 위에 가로놓인 굵은 나무 위 장식
난간 틈으로 조금 보여서 컴컴한 속에 그 등의 유리가 절
반쯤 보이는 것이 마치 어느 산 밑 외로운 초당이나 어느
큰집 후원에 따로 떨어진 초당 미닫이에 다정한 추등(秋
燈)*이 은연히 비추이는 것같이 보인다.

---

* 꽃이나 나뭇잎을 그린 다갈색 한지로 등갓을 씌워서 불을 켜면 은은한 가을 느
낌을 준다.

공원의 연못에서 개천으로 내려오는 물이 근 한 길이나 되는 높이에서 돌벽을 미끄러져 내려오느라고 희고 흰국숫발같이 갈태갈태 맑은 소리를 치며 내리는 것이 심신을 상쾌케 하여 전신에 솟은 땀이 일시에 걷힌다. 다리 중턱에 선 채로 서서 눈을 물에서 옮기면 여름을 모르는 수양버들의 그늘 깊은 숲 사이로 서늘한 바람과 함께 흘러나오는 맑은 물이 잔잔한 연못을 이루어 있고 숲 사이로보이는 양옥과 벤치가 아울러 거울 낯 같은 못물에 거꾸로 비치는 것도 보기 드문 서늘한 경치라 내 몸까지 못 속에 있는 것 같아서 해지는 것을 여기서 잊었다.

신작로로 남산을 향하고 조금 올라가노라면 길 우편에
쫄쫄 소리를 치면서 이리 구불 저리 구불 흘러내리는 물
위에 굽이굽이마다 2, 3인씩의 젊은이가 벌거벗고 목욕을
하고 있는 것을 본다. 그 틈에 조용한 중간을 찾아 양말을
벗고 발을 담그고 앉았으면 아무것보다도 청신(淸新)한
강렬한 기운이 발끝으로부터 머리끝까지 식혀 올라온다.

서대문감옥 마당의 불

한울의 별, 땅 위의 전광이 서로 빛을 다투는 듯한 중에 엄연히 서서 보면 한울의 별은 한 입으로 불어 꺼질 것 같고, 땅 위의 전등은 한 발로 휩쓸어 버릴 듯싶어 하늘과 땅에 내가 홀로 주인이라는 커다란 생각이 동한다. 그러나 시가(市街)의 불 중에 제일 큰 불이라서 얼른 눈에 뜨이는 불에 눈이 멈추면 다시 마음이 푹 가라앉는다. 시가에서 제일 큰 불 그것은 시가의 서북 끝 서대문감옥 마당의 불이다. 무엇을 생각하는지 외따로 큰 그 불은 금계봉(金鷄峰) 컴컴한 그늘에 반짝반짝하고 있다.

• 서대문감옥은 3.1운동 이후 많은 독립운동가들이 투옥되었던 곳이다. 의암 손병희 선생도 이곳에 투옥되어 심한 고문을 받았다. 결국 그 후유증으로 1922년에 돌아가셨다.

물망초

잊지 말라는 풀! 그 이름부터가 얼마나 사랑스럽고 연연한 이름입니까?

화려한 색깔도 없고 그렇다고 좋은 향기도 없는 꽃이지마는 물망초라는 애련한 이름을 가진 하늘빛같이 파르스름한 조고만 그 꽃은 마치 두 손을 가슴에 안고 무언지 홀로 깊은 생각 속에 들어 있는 소녀와 같이 보드랍고 연연한 귀여운 꽃입니다.

　복사꽃은 우선 꽃빛이 곱고 좋아서 먼 산에 몇 나무 핀 것만 보아도 온 산이 방끗이 웃는 것 같습니다. 과수원 복사꽃을 찾아가면 잎 하나 섞이지 않은 붉은 꽃이 한편으로는 지면서 떨어지고, 또 한편으로는 새로 피기도 하여 땅도 꽃으로 덮이고, 하늘도 꽃으로 가리어, 그야말로 몸이 꽃 속에 든 것 같아서 나는 생각만 하여도 지금이라도 뛰어가서 뒹굴고 싶습니다.

바다 1

바다 바다 바다라는 말만 들어도 바다를 생각만 하여
도 철철 흐르던 땀이 걷히어집니다. 바다를 생각만 하여
도 피곤하던 몸이 씩씩하여집니다. 그리고 어부와 해녀의
생활이 그립습니다. 고기 잡는 어부와 전복 따고 산호 캐
는 해녀들의 생활이 간절히 그리운 것입니다.

바닷속같이 풍성하게 가지가지로 사람을 이롭게 하는
물건만치 많지는 못할 것입니다. 건져 내면 건져 낼수록
캐어 내면 캐어 낼수록 그대로 그대로 한없이 쏟아져 생
기는 것은 바다입니다. 그러한 것을 건져 내고 그러한 것
을 캐어 내는 어부와 해녀의 생활이 그립지 아니합니까?

　　새벽 하늘이 밝아 올 때 잔잔한 물 위에 배를 띄워 순한 바람에 돛을 달고 흐르는 대로 흘러가며 그물을 던졌다가 붉은 노을이 서편에서 비치일 때는 그물에 눈눈마다 은빛 같은 고기가 걸렸을 것입니다. 때를 맞추어 한 번 던졌던 그물을 거둘 때 무엇으로 고기를 실어 내며 어느 곳에 고기를 쌓을까? 이것이 어부의 생활이거니와 바람은 순하고 물결은 잔잔한데 하늘도 푸르고 물도 맑아 세상에서는 찾아볼 수도 없는 신기루가 물 위인지? 하늘 위인지? 오색이 찬란하게 떠 있는 것도 어부가 아니면 찾아보지 못하는 것입니다. 바람을 따라 자유로 자유로 흘러가며 마음껏 한껏 잡을 수 있는 대로 잡아 낼 수 있는 고기, 이것이 어부의 자유롭고도 시원스런 생활입니다.

진눈깨비

눈도 비도 아닌 진눈깨비는 어째서 오게 되는가? 눈하고 비하고 섞여 오는 것을 속칭 진눈깨비라고 합니다. 그러면 이 두 가지가 한데 섞여 오는 것은 무슨 까닭일까? 이것을 얼른 쉽게 설명하면 눈도 비도 죄다 물인데 눈은 공기의 온도가 빙점 이하에 달했을 때에 생겨지는 것이고 비는 빙점까지 이르지 못했을 때 생겨지는 것입니다. 그래서 공기는 그 높고 낮음에 따라 온도도 다른 것인데 그 다른 높이와 다른 온도의 공중에 있는 수증기가 눈도 되고 또는 비가 되어서 동시에 오게 되는 것이랍니다.

해가 솟는다. 사람들이 가리켜 새해라 하는 아침 해가 솟는다. 금빛 은빛 햇살을 화살같이 쏘면서 바뀐 해 첫날 새해가 솟는다.

누리에 덮인 어둠을 서쪽으로 서쪽으로 밀어 치면서 새로운 생명의 새해는 솟는다. 오, 새해다! 새 아침이다!! 우리의 새 아침이다!!

어둠 속에 갇힌 온갖 것을 구해 내어 새로운 밝은 빛 속에 살아나게 하는 것이 아침 해이니 우리나라 강산에 찬연히 비추어 오는 새해 제일의 광명을 맞이할 때 누구라 젊은 가슴의 뛰놂을 금할 자이냐.

141   물새

바다 위를 나는 물새도 찾아갈 집은 있다. 끝도 없는 바다의 거치른 물결 위에서도 그들은 안식의 잠자리를 찾아낸다. 그러니 형제여 낙심을 말아라. 마지막 목숨이 붙어 있을 때까지 희망을 잃지 말고 살 집을 찾아 나가자!

울타리 위에 저절로 나서 드레드레 열린 포도송이가 시설이 뽀얗게 앉은 것을 한 송이 뚝 따서 한 알씩 입에 들이밀고 씹어 보십시오. 달디달고 새금한 맛이라니 누님들 드릴 생각도 동생 먹일 생각도 깜박 잊고 다 먹어 버릴 것입니다.

　밤이면 찬이슬 내리고 아침 저녁이 산들산들하여 정신이 깨끗할 때 나무 뿌리를 붙잡고 산으로 올라가면 굵다란 덩굴이 얽히어 있는 곳에 포도보다 조금 굵고 서리 맞아 노랗게 익어 말랑말랑한 다래를 따먹을 수 있는 것입니다. 다래 맛이란 달기도 달거니와 입에 넣고 씹는 대로 자디잔 씨가 아작아작 씹히는 맛에 여간 많이 열렸더라도 집에 가지고 올 것까지 잊어버릴 것입니다.

동무와 밤나무 있는 동리를 찾아가서 밤송이를 후려
따서 신 뒤꿈치로 비벼 까서는 나뭇잎 주워다가 불살라
놓고 겉껍질째 푹 묻었다가 한 입에 다섯 여섯씩 한꺼번
에 넣고 우물우물 씹어 보십시오. 목구녕이 뭉클뭉클하면
서 넘어가는 줄도 모르게 저절로 넘어갑니다. 달큼하고도
구수한 맛 군밤도 좋거니와 김이 무럭무럭 나는 삶은 밤
을 앞니로 뚝뚝 터쳐서 먹는 맛도 더욱 좋습니다.

대추

대추는 마른 대추도 좋거니와 한때에 풋대추가 더욱
좋습니다. 풋대추 중에도 발갛게 익은 것이 더욱 좋습니
다. 아삭아삭하고 씹히는 재미와 그 다디단 맛이 달다 못
하여 짭짤한 맛이 있습니다. 한 주머니 잔뜩 넣고 심심한
대로 씹어 먹으면 점심밥은 먹을 생각도 없이 든든하고
좋습니다. 그리고 마른 대추를 솔잎에다 싸서 먹으면 정
신이 깨끗하고 병이 없다고 합니다.

솔직한 마음

"나는 어른 같지 않은 사람이 되려고
노력하는 사람이라"

칼을 품은 웃음

웃음에도 칼을 품은 웃음이 있다 하지만 칼도 웃음 속에 섞여 온다면 애교 있는 귀여운 칼이라 할 것이다. 참지 못하고 터져 나오는 웃음, 그것이 어떻게 사람들의 빡빡하고 팽팽한 생활을 늦추어 주고 또 축여 주는 힘을 가졌는가. 그것은 밥 먹은 후에 숭늉이나 차를 마시는 것이나 보약을 먹는 것보다 지지 않는, 아니 그보다도 더한 효과가 있는 것이다.

진정하게 문사(文士)가 되려면 이미 옛사람이 가르친 바와 같이 과학자의 눈으로 관찰하고 철학자의 머리로 생각하고 예술가의 수법으로 표현을 해야 한다. 그리하자면 백분*의 공부와 백분의 재능이 필요한 것이다.

* 십분(十分)의 열 배. 십분은 그 일을 위해 모든 힘을 다해야 한다는 뜻으로, 그 열 배가 넘도록 온 힘을 다해야 한다고 강조하고 있다.

손으로 기사를 쓰려고 하지 말고 발로 쓰려고 할 것이
니 부지런해야 하고, 민첩해야 하고, 선진의 경험을 연구
해야 하고, 기사를 공평하게 취급해야 한다.

사람이 기계한테 지배당하는 세상

사람이 만들어 낸 기계에게 도리어 사람이 지배를 받
게 되려는 것이 지금 세상이다.

형사가 두 명이나 따라다니다

동경 있은 지 3, 4년이 되도록 학교와 도서관에 안 가면 집에만 들어앉아 있는 나에게 무슨 필요로 두 사람씩 형사를 달아 두는가 도무지 이해할 수 없는 일이었다. 그러나 자꾸 따라다니는 것을 나로서는 금할 수도 없는 일이었다. 들으면 다른 사람들은 혹시 미행 형사가 따르면 자랑삼아 골려 주기를 잘한다 하지마는 나는 그런 장난을 좋아하는 성미도 못 되거니와 내가 비밀히 하는 일이 없고, 있다 하더라도 따라다닌다고 그에게 알려질 것도 아니지만 별로 오고가는 데가 없으니까 대단한 불편도 느낄 까닭이 없어서 따라오면 따라오나 보다 하고 지냈을 뿐이다.

• 방정환은 일본 형사가 두 명이나 항상 따라다니며 지킬 정도로 감시 대상이었다. 자기는 하는 일이 없는데 이해할 수 없다고 한 것은 조선총독부 검열을 의식해서 쓴 말로 보인다.

형사한테 신세 진 일

아침 등교할 때 깨끗하던 날이 학교가 끝날 무렵 비가
오면 나를 지키는 늙은 형사는 어느새 내 하숙에 가서 나
의 우산과 높은 나막신을 찾아들고 마중와 준다. 미행이
라 해도 이런 때는 퍽 고맙게 생각되었다. 내가 평소에 그
를 구박하지 않은 덕이라면 덕일는지 모르나 다 늙은 몸
이 믿을 재산 없고 의지할 자식이 없어 굶어죽지 못해서
형사 노릇을 할망정 마음까지 나빠질래야 나빠지지 못하
는 사람인 것이 사실일 것이다.

　　고집이 세다는 말을 듣건마는 실상은 끝끝내 우겨 보
지 못하는 성질이요 능청스럽다는 말을 듣건마는 일을 위
해서도 거짓말을 못해 보는 성질이어서 일에는 늘 약합니
다.

　　남이 상상 못할 만큼 눈물이 잘 나오고 작은 일도 대범
하지 못하여 얼른 잊어버리지 못하고 심중에 몹시 안타깝
게 구는 것도 남모르는 괴로움의 한 가지입니다.

　　내 형편 내 힘으로 될 수 없는 일에도 남이 일곱 번 아
홉 번 조르면 끌리어 승낙해 놓고 나중에 후회하는 것도
약한 성질이요 끝끝내 옳고 그름을 밝혀야 할 경우에도
두어 번 말한 후에는 물러서 버리는 것도 약한 성질입니
다.

153   소변 벼락 소동

진남포(鎭南浦) 가서 동화를 하는데 입장료 받는 동화 회건마는 그 큰 천도교당이 꽉 차고 들창 밖에도 세 겹 네 겹 둘러서서 듣는 성황이었다.

아래층에는 16세 이하의 소년소녀만 들이고 2층에는 부인네만 들이어 그야말로 콩나물같이 조여 앉아서 팔짓 하나 할 수 없을 지경이니 소변이 급하여도 엔간한 용기 를 가지고는 비집고 나갈 재주가 없는 형세였다.

슬프고 무섭고 재미있는 이야기가 점점 재미있게 되어 웃다가 아슬아슬하여 손에 땀이 흐르게 되어 그 많은 청 중의 숨소리 하나 들리지 않게 긴장되어갈 때 돌연히 2층 맨 앞 턱 끝에서 아래층 빽빽이 앉은 청중의 어깨와 머리 위에 뜨거운 소낙비가 좌르르르르……. 기어코 부인석에 서 실례한 이가 생긴 것이었다.

소변을 흘린 이야기가 나면 내가 평생에 잊혀지지 않
을 일이 있으니, 경성도서관에서 동화 구연을 했을 때다.
슬프고도 용감한 이야기를 시작하여 거의 두 시간 노부인
들까지를 울리고 웃기고 하면서 이야기는 끝에 이르러 오
줌이 마려웠다. 조금 남았을 뿐이라 한참 재미있는 판에
연사가 '변소에 좀 갔다 와서 계속하겠소' 할 수는 없어서
그냥 그냥 참으면서 간신히 끝을 마치었다. 연단에서 내
려오기가 무섭게 변소로 뛰어가는데……. 변소에까지 가
기는 갔으나 벌써 반쯤은 중간에서 흘리었다.

동화를 구연할 때는 속된 말로 가장 능청스럽게 하여 우스운 동화를 할 때는 어린 청중을 배가 아프게 웃기고 슬픈 이야기를 할 때는 몇백 명 청중을 울려야 동화를 들리는 효과가 있다. 금년 봄에 이화여자보통학교에 가서 동화 구연을 하는데 그 많은 여학생이 그만 두 손으로 수그러지는 얼굴을 받들고 응응 마치 상갓집 통곡같이 큰 소리로 응응 소리치면서 일시에 울기 시작하였다. 옆에 있는 선생님들도 일어나 호령을 할 수 없고 나인들 울려는 놓았지만 울지 말라고 할 재주는 없고 한동안 단상에 먹먹히 섰기가 거북한 것은 고사하고 교원들 뵙기에 민망해서 곤란하였다.

여자 이상으로 진보하지 못한다

어떤 나라든지 그 나라 여자 이상으로 진보하지 못한다.

• 여성의 지위, 인권이 그 나라 진보의 척도라는 의미.

숨어 있는 것을 살펴 주세요

바쁜 시대 바쁜 사회의 우리가 지금 이러한 것을 쓸 때
가 아니다 하는 생각도 없지 아니 합니다마는, 바쁜 틈을
타서라도 이것을 아니 쓰지 못하게 된 일이 있습니다. 울
고 부르짖고 깨이고 일할 우리가 본의 아닌 것, 본의 아닌
얼굴로 여러분을 뵙게 된 그곳에 무엇이 숨어 있는 것을
살펴 주시면 다행입니다.

• 이 글이 실린 《녹성》은 우리나라 최초의 영화 잡지라고 할 수 있다. 참으로 바
쁜 틈을 타서도 관심을 안 가진 분야가 없다.

조선 영화에 대하여

조선에서 요만큼이라도 영화가 발전된 것은 누구나 기뻐할 것이다. 그러나 조선 영화계는 아직도 초창기를 넘어서지 못한 것은 사실이다. 영화가 점점 이렇게 생활화 혹은 사회화하여 나아가는 때에 조선 영화는 우리 생활과 별로 큰 관계를 맺어 오지 않았고, 또한 그만큼 되기에 못 미쳤다는 것이다. 즉 현대에 있어서 영화가 가지고 있어야 할 요소를 찾아낼 수 없다는 말이다. 앞으로도 많은 영화가 우리의 손으로 빚어 나올 것이다. 나는 앞으로 나올 영화 한 편 한 편마다 '우리가 어느 곳으로 가야 할지? 무엇을 하여야 할지? 지금 우리는 어떻게 하여야 할지?'를 보여 달라고 부탁하고 싶다.

온 가족이 동무가 됩시다

집안에서는 되도록 모든 가족과 동무가 되려고 노력해
봅니다. 아버지와 아들이 아니라 아내와 남편이 아니라
윗사람, 아랫사람이 없이 친한 동무가 되려고 노력한다는
말입니다. 어린 아들이나 딸과도 툭탁거리면서 술래잡기
도 같이 하고 수수께끼도 같이 하고 형이니 동생이니 오
빠니 누이니 하는 관계로가 아니라 그냥 동무가 되어 버
리려고 그런 가풍을 지어 보느라고 애를 씁니다.

그러나 이 일은 어른으로서의 위엄이 없어서 안 된다
고 연령 많은 가족들의 반대가 없지 않습니다. 행랑 사람
이나 심부름하는 아이에게도 한결같이 '해라'를 아니 하
고 모두 '하오'를 쓰는데 이것도 안 된다 합니다. 어른 같
지 않다는 것이 반대 이유인 모양이지요. 그러나 언제까
지든지 나는 어른 같지 않은 사람이 되려고 노력하는 사
람이라 그냥 뒤섞여서 아무와도 어른 같지 않게 섞여 지
내려고 나는 힘씁니다.

160 　　어머님, 어머님, 두 분도 없으신 어머님!

어머님, 어머님, 두 분도 없으신 어머님!

어머님은 내 집이고 내 시골이고 내 나라입니다.

누리의 모든 것 모두 다 사라지고,

우주의 만유(萬有)가 모두 다 없어진대도……

어머님만은 끝끝내 안 뺏길 내 어머니입니다.

아아, 어머님은 내 시골이고 내 나라입니다.

아아, 복스런 동무들이여

새벽에 빨갛게 언 손에 책보를 끼고 짚신 신은 어린 학생 남녀들이 노량진 정거장에서 기다리고 있다가 올라타는 것을 보고 어떻게나 반가운지 몰랐습니다. 그들은 코와 귀와 뺨이 얼고 얼어서 빨갛다 못해 까-맸습니다. 그러나 그들은 앉을 생각도 아니하고 선 채로 웃고 떠들고 하여 차 안을 들먹였습니다.

내가 그들에게 말을 건네니까 그들은 서슴지 않고 말벗이 되어 주었습니다. 사랑스러운 그들의 말소리는 이른 아침의 새 소리같이 청신하였습니다. 손짓 몸짓까지 새같이 귀여웠습니다.

그러나 차가 고 다음 정거장에 우뚝 서니까 그들은 사람의 발소리에 놀라 달아나는 새 떼같이 화들짝 뛰어들 내려가 버렸습니다. 어떻게 섭섭한지 차창을 열고 나는 안 뵐 때까지 그들을 바라보았습니다……. 아아, 복스런 동무들이여 당신네 앞길에 행복이 있으라!

- 방정환이 얼마나 아이들을 좋아했는지 그 모습이 눈앞에 그려지는 듯 선하다. 꽃마차를 타고 하늘로 올라간 그가 그립다.

01 어린이 해방

1 ~ 9. 조선소년운동협회 주체 제1회 '어린이날' 선전문, 동아일보, 1923. 5. 1.

10. 어린이날에, 조선일보, 1928. 5. 8.

11, 12. 싹을 키우자, 조선일보, 1926. 5. 1.

13. 아동 재판의 효과, 『대조』, 1930. 3.

14. 내일을 위하여, 시대일보, 1926. 5. 2.

15. 신사 제현과 자제를 두신 부형께 고함, 『개벽』 33호, 1923.

16. 심부름 하는 사람과 어린 사람에게도 존대를 합니다, 『별건곤』 제4호, 1927.

17. 답답한 어머니 - 제1회 아기의 말, 『별건곤』 제18호, 1929.

18. 사회 성공 비술, 『별건곤』 25호, 1930.

19. 천도교소년회 방정환 씨 좌담, 조선일보, 1923. 1. 4.

20. 일 년 중 제일 기쁜 날, '어린이날'을 당하여, 동아일보, 1928. 5. 6.

21. 오늘이 우리의 새 명절 어린이날입니다, 중외일보, 1930. 5. 4.

22. 일 년 중 제일 기쁜 날, '어린이날'을 당하여, 동아일보, 1928. 5. 6.

23. 어린이날에, 조선일보, 1928. 5. 8.

24, 25. 새 호주는 어린이 - 생명의 명절 어린이날에, 동아일보, 1929. 5. 5.

26. 오, 새해가 솟는다! 높은 소리로 노래하라!, 『어린이』 4권 1호, 1926. 1.

27 ~ 29. 어린이 찬미, 『신여성』 4호, 1924. 6.

02 교육

30 ~ 35. 소년의 지도에 관하여 - 조정호 형에게, 『천도교회월보』 제150호, 1923. 3.

36. 어린이 찬미, 『신여성』 4호, 1924. 6.

37, 39. 아동문제강연자료, 『학생』 2권 7호, 1930. 7.

39. 어린이 찬미, 『신여성』 4호, 1924. 6.

07 솔직한 마음